★ 본문 속 〈아이들 마음속 보석〉은
  아이들이 포스트잇에 쓴 문구를 그대로 살려 실었습니다.

이네의 교실

지은이 장인혜
펴낸이 임상진
펴낸곳 (주)넥서스

초판 1쇄 발행 2020년 10월 5일
초판 2쇄 발행 2020년 10월 10일

출판신고 1992년 4월 3일 제311-2002-2호
10880 경기도 파주시 지목로 5 (신촌동)
Tel (02)330-5500 Fax (02)330-5555

ISBN 979-11-90927-71-0 03370

이 도서의 국립중앙도서관 출판예정도서목록(CIP)은 서지정보유통지원시스템
홈페이지(http://seoji.nl.go.kr)와 국가자료공동목록시스템(http://www.nl.go.
kr/kolisnet)에서 이용하실 수 있습니다. (CIP제어번호 : CIP2020039948)

www.nexusbook.com

세상을 바꿀
초등교실의
마음 언어 68

Ine's
Classroom
Mind Language
For Students

미네의 교실

장인혜지음

넥서스BOOKS

prologue

"교실에서 가장 큰 힘을 발휘하는 건 결국 사랑이다."

길다고 할 수 없는 교직 생활 동안 교실에서 아이들과 이런저런 경험을 하면서 내린 결론입니다. 물론 제 개인적인 생각입니다. 그러나 분명한 건, 사랑은 있는 그대로의 모습을 존중할 때 발휘된다는 것입니다. 아이들을 있는 그대로 봐 주고 그 속에 무엇이 있는지 들여다보는 것. 그 시간을 통해 아이들은 자란다고 믿습니다.

'선생님이 내 마음속에 무엇이 있는지 궁금해 하신다'는 걸 아이들이 느끼면 눈빛이 달라집니다. 끊임없이 아이들을 궁금해 하다 보면 그 속에서 반짝이는 무언가를 발견할 수 있습니다.

이 책에서 말하고 있는 '내 마음속의 보석'은 아이들이 자신의 마음을 들여다보고 그 안에 있는 보석을 찾을 수 있게 도와준 활동입니다. 우리 교실의 큰 뿌리가 되고 있습니다.

우리는 모두 마음속에 빛나는 보석들을 가지고 있습니다.
하지만 자주 들여다보지 않아 먼지가 쌓인 채 그대로 시간이 흐르면 어느 순간 있는 줄도 모르게 되지요. 처음부터 자기 안에는 그런 것이 있는 줄 모르면 아이들은 자신을 믿지 못하게 될지도 몰라요. 교사는 그럴 때 아이들을 전적으로 믿어 주는 울타리 같은 사람이 되어야 합니다.

아이들과 함께 마음속 보석을 찾아가는 여정을 통해 저 스스로도 많은 것을 얻었습니다. 아이들 마음속에 있는 보석들을 찾아 갈 고닦는 과정, 그 찬란하고 아름다운 모습을 볼 수 있어 행복했습니다.

세상에 완벽한 사람은 없습니다. 학교는 완벽한 사람을 만드는 곳이 아니라, 부족한 사람들이 서로 사랑하며 자신을 찾아가는 곳입니다.

우리 모두 완벽하지 않다는 것을 인정한다면 스스로를 아끼며 다른 사람을 배려하고 도와가며 사랑할 수 있지 않을까요?

많은 분들이 아직 빛을 받지 못해 잠자고 있는 마음속 보석을 아이들과 함께 꺼내 보면 좋겠습니다.

이 책이 아이들을 이해하고, 아이들이 괜찮은 어른으로 자라는 데 도움이 되기를 바랍니다.

2020년 가을
장인혜

contents

PART. 1

희망에 찬 우리의 시작

PART. 2

빛나는 태양처럼 찬란한

#내 마음속의 보석

보석은 닦으면 닦을수록 반짝반짝 아름답게 빛을 낸다.
돌덩이같이 투박해 보이는 원석을 찾아내어
소중히 갈고닦아 반짝이는 보석을 만드는
과정이 우리 마음을 정성들여 가꾸는 것과
비슷하다는 생각이 들어서 이름 붙인
'내 마음속의 보석' 시간.

아이들이 이미 지니고 있는 그 원석 같은 마음을
천천히, 꾸준히, 올바른 방향으로 갈고닦아
보석처럼 가꾸는 시간이자
모두가 마음을 꺼내두고 편안히 이야기를 나누는 시간.
오기는 대회와 공감이 켜켜이 쌓이면서
우리 마음속의 보석들이 반짝인다.
그 시간들 속에서 아이들은 물론 나도 함께 성장한다.

PART. 1
희망에 찬 우리의 시작

01

초심

⊕ 초심의 절친들 : 기대, 설렘, 목표

초심, 새 교과서를 펴면서 느끼는 우리의 반짝이는 마음.
새 교실에서 새로운 선생님, 새로운 친구들과 함께 해 보는
싱그러운 다짐. "그래, 잘해 보자! 우린 할 수 있어."

아이들 마음속 보석

- ♦ 처음 그 순간의 떨리고 설레고 긴장되는 마음
- ♦ 새해 첫날 목표를 정하고 1년 동안 잘 이루어
  보자는 다짐
- ♦ 새 학년이 되면서 마음먹은 열심히
  공부하겠다는 다짐
- ♦ 새로운 내 자리에 앉으면서 들뜬 마음
- ♦ 오랫동안 간직하고 싶은 마음
- ♦ 초조하지만 두근대는 마음

3월에는 유독 글자도 반듯하게 쓰고
책장도 조심스레 넘기는 모습을 보니,
아이들 마음도 내 마음과 다르지 않은가 보다.

초심을 유지하는 것은 어른들에게도 참 힘든 일이지만,
나도 아이들도 첫 시작인 오늘,
이 싱그러운 마음을 잊지 않고 일 년 동안 잘해 보자고
함께 다짐해 본다.

긴장하긴 했지만 밝은 표정의 아이들을 보니
우리의 시작, 이 느낌이 정말 좋다!
첫 만남을 기념해 만든 타임캡슐 상자 안에
신중하게 적어 넣은 지금 이 순간의 설렘을
마지막 날에 꼭 함께 꺼내 보기로 했다.

그때 우리의 표정과 마음은 어떨까?
"선생님이 그때까지 잘 간직하고 있을게."

희망에 찬 우리의 시작

02

믿음직함

⊕ 믿음직함의 절친들 : 성실, 정직

믿음직함, 선생님이 내주신 숙제를 다 끝내고 놀 때 생기는 것!
누가 보지 않아도 우리가 스스로 정한 규칙을 잘 지킬 때 생기는
우리 사이의 튼튼한 연결고리.
"선생님은 오늘도 너희를 믿는다!"

아이들 마음속 보석

- ♦ 잘못하거나 거짓말을 했더라도 결국
  솔직하게 말하는 것
- ♦ 친구에게 빌린 물건을 제때 돌려주는 것
- ♦ 우정을 지켜주는 자물쇠
- ♦ 친구가 털어놓은 비밀을 다른 사람에게 쉽게
  말하지 않는 것
- ♦ 심부름을 마치고 엄마가 잘했다고
  칭찬해 주실 때 생기는 것

이네의 교실 ◈

학기 초의 낯섦과 긴장이 조금씩 풀릴 즈음.
아이들을 향한 나의 잔소리도 조금씩 늘어간다.

"할 건 하고 놀 땐 놀자!" 우렁차게 외치고 다짐하는 날도 많지만,
스스로 절제하고 노력할 줄 아는 어린이가 되어 가는 모습을 보며
뿌듯한 마음에 칭찬을 아끼지 않았던 오늘.
나는 아이들을 변함없이 믿어 주고, 아이들은 노력하고….
그러는 동안 우리 사이의 믿음은 세상 무엇보다
든든해질 거라 믿는다.

한 주간 있었던 일들에 대해 이야기하면서
잘못한 일을 다그치지 않고
차분하게 이야기하면서 서로 조금씩 더 이해하게 된 오늘.

"선생님은 오늘도 내일도 어김없이 너희를 믿을게.
선생님은 믿는 거 잘하거든! 너희 배신하지 않기로 약속했다!"

희망에 찬 우리의 시작

03

관용

⊕ 관용의 절친들 : 너그러움, 이해

관용, 친구 때문에 우리 반이 피구 경기에서 졌다고 말하지 않는 것.
우리 모두에게는 각자 잘하는 것도 있고 못 하는 것도 있다는 사실을
인정하는 것.
"실수해도 괜찮아. 일부러 그런 게 아니잖아."

아이들 마음속 보석

- ✦ 자기가 잘하는 걸 남이 못하는 게 이상하다고
  생각하지 않는 것
- ✦ 누군가 실수하고 잘못하더라도 이해해 주는 것
- ✦ 모둠 빙고에서 졌을 때 너 때문이라고 탓하지 않는 것
- ✦ "그럴 수도 있지"라며 친구를 너그럽게 이해하고
  존중하며 서로 다름을 인정하는 마음
- ✦ 내 기분이 태도가 되지 않는 것

"사람이 어떻게 모든 걸 잘하겠어?
우리 모두 잘하는 것도 있고 못 하는 것도 있어.
그러니까 우린 서로 이해하고 도우면서 지내야 해."

오늘은 이런 이야기들을 나누며
우리가 한층 더 너그러워진 것 같다.
오늘도 진지한 자세로 또 적극적으로 이야기를 나누고 다짐하는
우리 반 아이들이 참 예뻤다.

사실 아이들과 이렇게 이야기를 나누는 시간들 속에서
나도 참 많은 걸 배운다. 아이들의 부족한 부분을
좀 더 너그럽게 생각하지 못한 내 모습을 반성하며….
앞으로 아이들에게 더 마음 넓은 어른이 되자고 다짐해 본다.

사랑이 가득한 우리 반에서는 실수 Okay!
"이 말 참 참 좋은 말 같아.
선생님부터 먼저 많이 써서 우리 반에 유행시켜 볼세."

희망에 찬 우리의 시작

04

나 사랑하기

⊕ 나 사랑하기의 절친들 : 자존감, 소중

나 사랑하기, 예쁜 옷, 새 운동화보다
나 자신이 더 멋지다는 사실을 알고 있는 것.
늘 그렇게 스스로 예뻐하고 소중하게 여기는 것.
"이곳, 우리 교실은 이렇게 소중한 '나' 26명이 모인 곳이야."

아이들 마음속 보석 : 나에 대해 한 번 이야기해 볼까?

- ♦ 키가 작아도 괜찮아. 난 아래 있는 공기를 마실 수
  있으니까! (아래 있는 공기는 꽃들과 가까워서 향기롭거든.)
- ♦ 난 친구들을 웃기는 재주가 있어. 선생님이
  이건 정말 대단한 재능이라고 하셨어.
- ♦ 나는 친구가 느끼는 감정을 잘 알아차려.
  그래서 기쁜 일도 슬픈 일도 함께 나눌 수 있지.
- ♦ 나는 그림을 잘 그려. 내가 봐도 좀 잘해.
- ♦ 나는 상대방의 말을 진지하게 들을 수 있어.
  나의 최고 장점이야!

매일매일 아이들에게 "넌 정말 소중해!"라고 말해 주려
노력한다.
스스로 자신을 좋아하고 사랑할 수 있다는 건
세상 무엇보다 중요한 일이니까. 그리고 그럴 수 있어야
다른 사람도 소중하게 여길 수 있으니까.
오늘은 서로의 장점을 찾아 이야기해 주면서 기분 좋은
에너지가 교실 안에 가득 찼다.

아이들이 세상을 살다 보면 자신이 너무 작아 보이고
자신감이 사라지기도 하는 날이 분명히 오겠지만,
그럴수록 스스로에게, 또 옆 사람에게 따뜻한 말 한마디와
토닥토닥 응원을 아끼지 않는 사람이 되길 바라는 마음을
가득 담아 이렇게 말해 주었다.

"자신을 사랑하고, 상대방의 장점도 알아주는
너희는 정말 멋져!"

희망에 찬 우리의 시작

05

다정함

⊕ 다정함의 절친들 : 친절, 상냥함

다정함, 말과 행동에 향기를 뿌리는 것.

하루를 시작할 때 "잘잤어?"라고 물어봐 주는 것.

상냥하게, 부드럽게, 따뜻하게 친구의 이름을 불러 주는 것.

아이들 마음속 보석

- ◆ 내가 말하는 중간에 선생님이
  고개를 끄덕끄덕하면서 "응"이라고 대답하시는 것

- ◆ 부모님이 자기 전에 "잘 자" 하시는 목소리

- ◆ 오래 쓴 물건을 보면 느껴지는 것

- ◆ 비 오는 날 우산 안 가져 온 사람이 쓸 수 있는
  우리 교실 양심우산

- ◆ 재채기를 하다가 콧물이 나와서 얼굴을 가렸는데
  친구가 몰래 책상 밑으로 휴지를 줄 때 느끼는 감정

- ◆ 대화할 때 눈을 마주치면서 이야기를 들어 주는 것

학기 초에는 꼭 다정함에 대해 이야기하게 된다.
윤제림 시인의 〈누가 더 섭섭했을까〉라는 시를 함께 읽고
이야기를 나누다 보면 아이들이 어느새 꽃들에게 인사하는
듯한 해사한 표정을 짓고 있다.
그 모습이 너무 사랑스러워서 오래 간직해 두고 싶다.

이름에 담긴 뜻을 하나하나 살펴보면서 참 고운 이름들을
서로 다정하게 불러 주는 것만으로도 기분이 참 좋아진다.
아이들 이름으로 빙고 게임을 하면서 서로의 이름을 외워 보고,
다정하게 불러 주는 연습도 해 보니 한결 더 친해진 기분이다.
아이들과 함께한 게임 덕분에 나도 아이들 이름을 금세 외웠다.

"얘들아, 너희도 설레고 반가운 눈빛과 다정한 목소리로
가득 채워진 교실이 더욱 환하게 느껴지지?"

06

행복

⊕ 행복의 절친들 : 감사, 보물

행복, 숨겨진 보물처럼 우리 주변 구석구석에 숨어 있는 것.
사소한 것에 감사할 줄 아는 사람에게 늘 따라오는 것.
"선생님은 너희가 훌륭한 사람보다 행복한 사람이 되길 바란다."

아이들 마음속 보석

- ♦ 우리 집 반려견을 매일 볼 수 있는 것
- ♦ 집에 돌아가면 맞아주는 가족이 있는 것
- ♦ 친구랑 살구놀이*를 할 수 있는 것
- ♦ 편안하게 누울 수 있는 침대가 있는 것
- ♦ 힘들 때 늘 도와주시는 선생님이 계신 것
- ♦ 하루 일과를 다 마치고 노래를 들으며 웃을 수 있는 것
- ♦ 아침에 일어나서 학교에 올 수 있는 것
- ♦ 언제 어디서나 오늘 있었던 일을 말할 수 있고
  연락할 수 있는 친구가 있다는 것

* 공기놀이의 방언(경남)

구석구석 행복한 일이 얼마나 많은지 찾는 사이에
우리는 한바탕 행복해졌다.
우리 집, 친구, 가족, 반려동물, 음악, 날씨, 맛있는 음식, 교실….
당연하다고 여기던 것들에 감사하고 만족하는 하루.
소소한 행복을 느끼는 하루.

아이들이 이런저런 일에 부딪히며 성장하다 보면
소소한 행복을 누리지 못하는 때가 생길지도 모르겠다.
그때 이 시간을 떠올릴 수 있기를, 행복하지 않다고 느끼고
그 시간에 등 떠밀리지 않기를, 지금 마음속에 쌓아 둔 행복이
그때의 아이들에게 힘이 되기를 바란다.

"고마워! 함께 이야기하고 함께 웃을 수 있는
우리 교실과 너희가 있어 정말 행복해."

행복은 현재와 관련되어 있다.
목적지에 닿아야 행복해지는 것이 아니라
여행하는 과정에서 행복을 느끼기 때문이다.

_앤드류 매튜스

07

정의

⊕ 정의의 절친들 : 함께하기, 진실

정의, 고통 받고 슬퍼하는 사람들을 모른 척하지 않는 것.
가슴 아픈 참사를 잊지 않고 기억하는 것.
내 일이 아니라고 "지겹다, 관심 없다"고 말하지 않는 것.
끝내 거짓은 참을 이길 수 없다는 것.

아이들 마음속 보석 : 세월호 사고로 별이 된 언니 오빠들에게

♦ 여러분이 있는 그곳에서 가장 빛나는 별이 되길
   바랍니다. 잊지 않겠습니다.

♦ 그곳은 더 이상 춥지 않게 따뜻한 이불이 있길
   바랍니다. 잊지 않을게요!

♦ 언제까지나 잊지 않을게요. 제 꿈속으로 와서
   슬픔을 시원하게 털어놓고 가세요.

♦ 늘 기억할게요.

4월 16일. 세월호 희생자를 추모하는 시간.

다 함께 잊지 말자고 다짐하며 희망을 약속하고
정의에 대해 이야기를 나누었다.
매년 이 시간이 오면 가슴이 아리고 슬픈 마음을
감출 길이 없다.
희생에는 어떤 정치적 신념도 이익도 끼어들지 말아야 한다는
건 아이들이 더 잘 알고 있을 테지. 아이들은 그런 생각을
전혀 하지 않으니까 말이다.

이런저런 가능성을 이야기하며 '이렇게 하면 살았을 텐데요?
저렇게 하면 살 수 있었을 텐데요?' 하는 아이들의 눈망울에
더 먹먹하다.

아이들의 말처럼 그들이 있는 곳이 더 이상 춥지 않은
봄날이기를….
아이들이 살아갈 사회는
정의가 살아 있고 안전한 곳이기를….

08

보살핌

⊕ 보살핌의 절친들 : 정성, 기다림

보살핌, 조그마한 방울토마토 씨앗이
다 자랄 때까지 천천히 기다려 주는 것.
물, 햇빛 그리고 사랑, 따뜻한 눈빛과 관심으로 잘 돌보는 것.

아이들 마음속 보석 : 토마토 씨앗을 심은 화분에게 하는 말

♦ 토토에게 : 너를 보면 기분이 좋아!

♦ 샐리에게 : 넌 누굴 닮아서 이렇게 예쁘니?

♦ 멋쟁이 토마토에게 : 넌 정말 멋져.
  우리에게 와 줘서 고마워.

♦ 통통이에게 : 잘 자라 줘. 사랑해 그리고 고마워.

♦ 울방이에게 : 울방아! 맛있고 예쁘게 크렴.

♦ 미백이에게 : 네가 없이 웃을 수 있을까 생각만
  해도 눈물이 나~ 빨리 모습을 보여 줘!

아이들은 어떤 마음으로 식물을 기를까? 아마 자신의 키가
쑥쑥 자라기를 바라는 마음으로 보살피고 있는 게 아닐까?
그래서 식물 기르는 걸 그렇게 좋아하는지도 모르겠다.
이름도 지어 주고 자꾸 들여다 보며 예쁜 말을 자주 해 주는
아이들의 모습을 보면서 온종일 미소를 짓는다.

식물의 모양새가 각각 다르더라도, 원하는 열매를 맺지
못하더라도 끝까지 아껴 주면서 깨달았으면 좋겠다.
우리 모두는 모양에 관계없이 소중한 존재라는 걸.

매일 아침 설레는 마음으로 화분을 보는 따스한 계절.
화분을 잘 보살피는 동안 아이들도 한 뼘 더 클 것 같아
기대되는 이 계절, 우리가 기다리는 새싹처럼 덩달아 푸르고
싱그러워지는 기분이다.

"새싹아! 내가 우리 아이들 잘 보살피는 동안
너도 아이들 곁에 얼른 와 주렴."

09

비교하지 않기

⊕ 비교하지 않기의 절친들 : 개성, 인정

비교하지 않기, 진달래는 봄에, 동백은 겨울에 꽃을 피우듯
저마다 꽃피는 계절이 다름을 아는 것.
누군가와 나를 비교하면서 상처 받거나 우쭐해 하지 않는 것.
우리는 누구와도 비교할 수 없는 유일하고 개성적인 존재니까!

아이들 마음속 보석

✦ 수학을 잘하는 도영이, 피구를 잘하는 성빈이
  그리고 노래를 잘하는 나!

✦ 나는 반장과 같은 리더십은 없지만,
  그림을 잘 그리지!

✦ 공감을 잘해 주는 예나에게 고민을 털어놓았다.
  예나가 나한테 이렇게 말했다. "널 보면 기분이
  좋아져. 우리 반의 해피바이러스야!"

✦ 난 동물 성대모사를 잘해! 아무나 못하는 거라고!

요즘은 남과 비교하지 않는 데에도 연습이 필요하다.
어른에게도 쉽지 않은 일인데 아이들은 말해 뭐하겠나.
그래도 오늘부터는 누군가와 나를 비교하면서 좌절하거나
우쭐대는 마음보다는 내가 지금까지 얼마나 차근차근 잘 성장해
왔는지 들여다보며 스스로 칭찬해 주고 또 옆에서
서로 응원해 주기로 했다.

우리 반 스물여섯 명 한 사람 한 사람의 장점을 찾아
노래를 만들어 불렀다. 일명 '장점 Song'
'도레미 송'의 음에 맞춰 부르니 장점을 끝도 없이
찾을 수 있을 것만 같았다.

졸업식 날 눈물 글썽이며 다 함께 부르던 '장점 Song'을
잊을 수 없다.
아이들 마음속에도 빛나던 친구들 얼굴과 함께
오늘 이 기억이 오래도록 남아 있지 않을까?

"지구에 있는 모든 존재는 가지고 있는 장점과 재능이
각기 다르단다. 우리 모두 저마다의 속도로 잘 살아가고 있어."

👍 장점을 맞혀 봐

① 모둠별로 제시어를 준다. (예 : 우리 반 친구 이름, 선생님,
　주변 사람들, 주변 물건들)
② 받은 제시어를 장점만으로 설명한다.
③ 다른 모둠에서 장점을 듣고 제시어가 무엇인지 맞힌다.
④ 1분 안에 가장 많은 제시어를 맞히면 승!

장점으로만 설명해야 하는 것이 생소하고 쑥스럽나 보다.
하지만 하다 보니 아이들 입에서 기특하고 감동적인 말들이
계속 터져 나왔다.

자기 이름이 제시어로 나왔을 때 친구들이 말해 주는
자신의 장점을 들으며 쑥스럽지만 기분 좋은 표정을 숨기지
못하던 아이들.
"단점이 많은 선생님에게서 이렇게 많은 장점들을 찾아 줘서
고마워. 그래, 우리는 모두 이렇게 장점이 많은 기특하고 장한
사람이야."

아이들이 찾아 준 나의 장점

★ 목소리가 예쁘다.

★ 무조건 혼내지 않고 일단 우리의 말을 먼저 들어 주신다.

★ 잘못된 행동은 차근차근 설명해서 바로 잡아 주신다.

★ 늘 웃고 계신다.

★ 음악을 좋아하고 노래를 잘 불러 주신다.

★ 다정하게 말 걸어 주신다.

우리 반의 장점

★ 서로 존중하는 마음을 배워서 갈등이 없는 편이다.

★ 자신이 기르는 식물뿐 아니라 친구의 식물도 함께 돌본다.

★ 운동 경기에서 지더라도 아무도 누군가를 탓하지 않는다.

★ 언제나 화기애애하다.

★ 주변에 도움이 필요한 친구가 없는지 잘 살핀다.

10

희망

⊕ 희망의 절친들 : 미래, 밝음

희망, 나중에 하고 싶은 것들을 떠올리면서
기분 좋은 상상으로 행복한 것. 예를 들면, 꼭 다시 만나서 우리 반
동창회 하기! (선생님도 함께!)

아이들 마음 속 보석 : 우리의 희망사항

♦ 우리 반 동창회 하기
♦ 어른이 돼서 옛날 일기랑
　졸업앨범 펼쳐 보기
♦ 세계 일주
♦ 친구들과 배낭여행
♦ 부모님 용돈 드리기
♦ 보고 싶은 영화 다 보기
♦ 제주도 한 달 살기
♦ 기부나 후원하기

♦ 맛집 탐방하기
♦ 회사 다녀서 돈 벌기
♦ 반려동물 기르기
♦ 나의 꿈 이루기
♦ 커피 마셔 보기
♦ 어른이 돼서
　우리 학교 찾아오기
♦ 하늘 날아 보기
♦ 구두 신기

어른이 되면 해 보고 싶은 게 어쩌나 많은지….
다들 상상만으로도 기분이 좋은가 보다. 아이들의
격양된 목소리와 배시시 웃는 모습만 봐도 알 수 있다.
아이들의 미래가 지금 상상하는 것 이상으로
밝고 맑으면 좋겠다.

힘들고 지친 마음이 들 때는 이렇게 기분 좋은 상상을 해 보면
도움이 된다. 아이들이 나중에 꼭 해 보고 싶은 것들 중
단연 1위는 우리 반 모두 모여 동창회 하면서 회식하기!
상상만 해도 그때의 우리 모습이 신기하고 웃겨서
한참을 얘기했다.

"선생님은 그때 어떤 모습일까?
너희만큼 선생님도 정말 궁금해. 하하!"

아이들이 성실하게 자라는 만큼 나도 괜찮은 어른으로 꾸준히
성장하기를, 아이들의 꿈에 살짝 기대어 함께 소망해 본다.

11

자유

⊕ 자유의 절친들 : 책임, 존중

자유, 나의 기분, 나의 생각을 스스로 결정하는 것.
우리 모두 교실에서 평화롭게 지낼 수 있게 해 주는 것.
"다른 사람은 신경 쓰지 않고 내 마음대로만 하는 것은
진정한 자유가 아니야. 우리는 모두 공평하게 자유로워야 하니까."

아이들 마음속 보석

- ♦ 다른 사람의 말에 휘둘리지 않고
  내가 진짜 원하는 것을 선택하는 것
- ♦ 내가 커서 무엇이 되고 싶은지 스스로 정하는 것
- ♦ 내가 책임질 수 있는 선에서 내 마음대로 하는 것
- ♦ 먹고 싶은 음식을 고르는 것, 대신 먹을 만큼만!
  (환경 오염 주의!)
- ♦ 나를 기분 나쁘게 하는 일에 별로 신경 쓰지
  않는 것 (내 기분은 내가 정한다.)

이네의 교실 ◈

자유가 얼마나 중요한 가치인지,

그에 따른 책임과 존중 또한 얼마나 중요한지에 대해

이야기해 보았다.

자유로운 순간과 자유롭지 못한 순간에 대해서 이야기 나누며

진정한 자유는 내 마음대로만 하는 것이 아니라는

사실을 깨닫는다.

교실 안에서의 자유에 대해서도, 규칙을 지켜야 하는

이유에 대해서도 좀 더 깊이 있게 생각하는 우리 반.

우리가 찾은 자유의 절친은 책임과 존중이니까!

이렇게 오늘도 마음속에 풍성하게 채워진 보석, 진정한 '자유'.

사회 시간에 배운 민주주의에 대한 내용과 함께

이야기는 더욱 다채로워졌다.

시간이 지날수록 아이들 내면에 진지한 태도와

사려 깊은 마음이 자리 잡는 것이 보여서 마음이 뭉클하다.

"몸도 마음도 지금처럼 잘 자라서

주체적으로 그리고 멋지게 살아내자, 얘들아!"

12

지금

⊕ 지금의 절친들 : 오늘, 여기

지금, 금 중에서 가장 소중한 금!
과거는 돌아갈 수도 바꿀 수도 없으니 이미 지나간 것에
너무 매달리지 말고 다가오지 않은 미래를 걱정하면서 불안에 떨지
않는 것. 이 순간이 내 생의 마지막 순간이라고 생각하고 소중히!

아이들 마음속 보석 : 이번 방학에 꼭 해 보기

- ♦ 매일 줄넘기 100개!
- ♦ 하루에 신문 2쪽씩 읽기
- ♦ 사 놓은 책 3권 다 읽기
- ♦ 중국어 공부하기
- ♦ 가족들과 저녁마다 강아지랑 함께 공원 산책
- ♦ 하루에 물 10잔 마시기
- ♦ 하루에 2번씩 부모님 안아드리기
- ♦ 자전거 점검하기

'지금'이라는 말은 붙잡아야만 할 것 같다.
반짝반짝 빛나는 무언가가 금방 사라져버리는 느낌이 들어서
꼭 잡아야만 할 것 같다. 지금.
방금 '지금'이라고 말한 순간도 과거가 되어 버렸으니,
그렇게 느끼는 것이 당연한지 모르겠다.
그래서 더 소중한 단어다.

과거로 시간을 되돌리고 싶다는 생각이 들지 않도록
바로 지금 해야 하는 게 뭘까?
아이들이 지금을 통과하면서 하고자 했던 것들을
끝까지 실천할 수 있도록
응원하고 힘을 북돋아주는 일, 내가 지금 해야 하는 일이다.

"소중한 지금 이 순간은 무엇이든 시작하기에
더할 나위 없이 좋은 순간이야.
뭐든 하고 싶다면 지금 해. 그게 뭐든!"

희망에 찬 우리의 시작

13

도움

⊕ 도움의 절친들 : 협동, 위로

도움, 누군가 슬픔에 빠지거나 어려움에 잠겨 있다면 위로해 주고
손을 내미는 것.
혼자 할 수 없는 일은 다른 사람에게 함께 해 주기를 청하는 것.
"세상은 서로 도와가며 더불어 살아가야 하니까."

아이들 마음속 보석 : 교실에서 내가 주거나 받을 수 있는 도움

- 친구 기분이 별로 안 좋을 때 "왜 그래, 혹시 무슨 일
  있어?" 라고 물어봐 주기
- 준비물을 안 가져온 친구에게 "함께 쓸래?" 하고
  물어 보기
- 울고 있는 친구에게 휴지 가져다주기
- 문제 푸는 걸 어려워하는 친구와 같이 풀어 보기
- 움직이는 게 불편한 친구 대신 급식 받아 주기
- 누군가 친구를 따돌리는 느낌을 받으면 가서 막아
  주고 선생님에게 도움 요청하기

도움 없이 살 수 있는 사람은 없다.
우리가 인지하지 못하는 순간에도
누군가의 도움을 받고 있을 거라고 믿는다.
태어났을 때 내가 인지하지 못한 그 어마어마한 도움을
부모님에게서 받아 먹고 자랐듯이 말이다.

살아가면서 누군가에게 도움 받은 일을 기억하면
나 또한 누군가에게 그런 도움을 주고 싶어진다.

아이들과 함께 도움 받아 본 경험을 떠올려 본 시간은
고마움을 되새긴 시간이었다.
그래서 '나는 누구에게 어떤 도움을 줄 수 있을지' 생각하며
주변을 둘러보게 했다.

"도움은 도움을 불러
우리가 함께 사는 세상은
더 행복하고 훈훈해질 거야.
우리 교실처럼."

14

겸손

⊕ 겸손의 절친들 : 배움, 경청, 지혜

겸손, 완벽한 사람은 없다는 사실을 아는 것.
늘 배우려는 마음을 갖는 것.
내가 잘한다고 으스대지 않고,
다른 사람이 실수했다고 비난하지 않는 것.

아이들 마음속 보석

- ♦ 수학 시험을 잘 쳤지만 잘난 척하지 않고
  잘 모르는 친구에게 가르쳐 주는 것
- ♦ 친구가 말할 때 "나도 알거든." 하지 않고 천천히 듣는 것
- ♦ 누군가 실수를 하면 나도 언젠가 할 수 있는
  실수라고 생각하는 것
- ♦ 칭찬을 들으면 감사하게 생각하며 초심을 잃지 않는 것
- ♦ 내가 다 안다고 생각하지 않는 것
- ♦ 자신감은 있지만 다른 사람들을 불편하게 하지 않는 것

겸손(humility)은 라틴어 humilis에서 나온 말이라고 한다.
'부식토'를 뜻하는 말로, 동물의 사체나 식물이 분해되어
만들어진 흙이다.
부식토는 새로운 생명이 자라나기 좋은 흙이다.
부식토가 겸손의 어원이라고 하니 그 뜻이 새롭게 다가온다.
그저 자신을 낮추는 것이 아니라,
다른 사람이 성장할 수 있는 토양이 되어 주는 것.

나는 아이들이 아직 경험하지 못한 많은 것들에 대해
이야기해 주고 지혜를 배울 수 있도록 돕는 역할을 하고 있지만,
나 역시 아이들에게 많은 부분에서 도움을 받아 성장한다.
이렇게 서로가 서로를 키워 주는 건강한 관계가
겸손의 본질이 아닐까?

"우리는 서로에게 눈높이를 맞춰가며 배울 수 있어야 해.
누구도 홀로 완전할 수 없으니까 말이야."

15

긍정

⊕ 긍정의 절친들 : 인정, 유머, 즐거움

긍정, 마음이 거칠어질 때는 나만의 작은 즐거움을 찾아내 기분을
바꿔 보는 것.
일이 잘 안 풀릴 때는 "이런 날도 있네!" 하며 인정하고 웃어넘길 줄
아는 것.

아이들 마음속 보석 : 나만의 작은 즐거움

♦ 아싸, 오늘 금요일이다!

♦ 오늘 오랜만에 하늘이 구름 한 점 없이 정말 예쁘다.

♦ 학원 가기 전에 친구랑 떡볶이 먹으면서 수다 떠는 30분

♦ 학교 벤치에 앉아서 눈 감고 바람 느끼기

♦ 재밌고 스릴 넘치는 우리 반 놀이 시간, 짜릿짜릿

♦ 집에 있는 재료로 엄마랑 같이 볶음밥 만들기

♦ 운동하고 나서 느끼는 개운하고 뿌듯한 마음

♦ 내가 꼭 먹어보고 싶었던 음식을 아빠가 포장해 오셔서
  같이 먹었다.

무엇이든지 긍정, 즉 있는 그대로 인정할 줄 아는 것은
살아가는 데 꼭 필요한 능력이다.
기분이 안 좋은 날도, 마음이 무거운 날도 있다.
그럴 땐 뭘 하든 집중이 잘 안 되기 마련이다.
아이들이 그런 날을 마주했을 때, 상황을 긍정하고
그 자리에서 여유를 찾을 줄 알았으면 좋겠다.
그러면 내 기분은 내가 정할 수 있게 될 테니까.

생각과 감정은 언제나 내 예상보다 파급력이 크다.
그 엄청난 힘은 내가 하고 있는 무언가에 좋지 않은 영향을
끼친다. 과정은 물론 좋은 결과도 얻을 수 없다.

그러니까 "오늘은 뭐 이런 일도 있네!"라는 한마디와 함께
울적한 기분은 훌훌 털어버리고 자신의 기분을 다시 회복하는
능력을 길러 보는 시간. 꼭 필요하다.

"아무리 어려운 일도
긍정의 힘으로 똘똘 뭉친 우리에게는
덤벼들 수 없을 거야."

교실 속 작은 코너
보이는 라디오

여러분 안녕하세요!
재미있게 본 드라마에서 남자 주인공이 이 노래를 부르던 장면이
기억에 남아요. 그래서 같이 들으려고 신청합니다. 저는 이 곡의
제목이 특히 마음에 들어요.
여러분은 흔들리는 꽃들을 보면 무슨 생각이 드나요?

신청곡 : 흔들리는 꽃들 속에서 네 샴푸향이 느껴진 거야(장범준)
보내는 이 : 우리 반 DJ짱예*

저는 우울할 때 이 노래를 자주 들어요!
그런데 할머니께서는 시끄럽다고 못 듣게 하시는 노래죠.

신청곡 : 깡(비)
보내는 이 : 박씨

* DJ짱예는 '짱 예쁜 선생님'이란 뜻으로, 친구들이 직접 붙여 준 별칭이다.

무서운 이야기를 들려 드릴게요.

무 : 내일 2시에 만나자.

파 : 그래.

그리고 내일이 왔어요. 무는 나왔지만 파는 늦잠을 자느라 약속
시간에 나오지 못했어요. 그래서 무는 너무 서운했지요.

무…서운 이야기!

신청곡 : 나야 나(워너원)

보내는 이 : 무는 서운합니다

저는 친구들에게 감명 깊게 들었던 노래를 소개하고 싶어요.
6.25 전쟁을 바탕으로 만든 뮤지컬에 나온 곡인데요, 어린 시절
함께했던 친구들을 전쟁으로 잃게 된 남자의 슬픈 노래입니다.
6월 25일이 되면 이 노래가 생각이 나요.

신청곡 : 내가 술래가 되면(뮤지컬 <귀환> OST)

보내는 이 : 노노

거울이의 말

3월

만나서 반가워. 난 우리 반 거울이야.

그거 알아? 우리 만남은 우연이 아니란 걸!

용기 내서 친구들에게 먼저 인사해 봐, 다들 좋아할걸?

– 우리 반 거울이가

PART. 2
빛나는 태양처럼 찬란한

16

협동

⊕ 협동의 절친들 : 도움, 조화

협동, 한 글자씩 도장을 찍어서 멋진 문장을 함께 완성하는 것.
우리는 모두 없어서는 안 되는 중요하고 귀중한 사람이라는 사실을
늘 떠올리는 것.

아이들 마음속 보석 : 우리 반을 설명하는 한 문장 만들기

♦ 우리 반은 항상 서로를 기쁘게 해 주는
  웃음을 가지고 있다.

♦ 선생님께 혼날 때도 있지만 최선을 다해
  노력하는 우리 반

♦ 세상에서 제일 착하고 개성 넘치는 사람들이
  모인 우리 반

♦ 오케스트라처럼 각자 다른 소리를 내지만
  조화로운 우리 반

함께하는 기쁨을 아이들에게 알려 주고 싶어서 고민을 하다가
좋아하는 시에서 한 구절을 뽑았다. 그리고 종이 한 장에
한 글자씩 써서 교실 곳곳에 숨겨두었다.
한 글자씩 떨어져 있을 때는 아무 의미를 갖지 못하다가
아이들이 하나씩 찾아서 맞출 때마다
없던 단어가 짠 하고 생긴다. 없던 문장이 짠 하고 만들어진다.

새로운 단어와 문장을 발견하는 순간의 희열을 함께 느끼며
뿌듯해 하는 모습에 보람을 느낀다.
우리가 함께 만들 수 있는 건 문장만이 아니다.
세상 어떤 것도 마음을 하나로 모은다면 거뜬히 만들어낼 수
있다. 무에서 유를 창조하는 일은 혼자서는 해내기 어렵다.
그럴 땐 누군가에게 도움을 청해 기꺼이 함께해 나가는 용기가
필요하다.

"너희가 기꺼이 도움을 청하고 도움을 주며
함께 만들어 나갈 세상이 선생님은 너무 기대된다.
어려운 일이 생길 땐 이 시간을 떠올려 봐.
그럼 용기가 날 거야."

빛나는 태양처럼 찬란한

오늘의 놀이

👍 보물찾기로 배우는 '협동'

① 아이들 숫자에 맞춰 한 글자씩 쓴 종이를 준비한다.

   (예 : 24글자로 만든 문구 - 너 희 가 바 로 이 세 상 의

   보 물 이 야 너 희 의 도 전 을 항 상 응 원 해)

② 아이들이 없을 때 교실 곳곳에 종이를 숨겨 둔다.

③ 아이들이 종이를 찾을 수 있도록 칠판에 안내를 해 둔다.

④ 각자 찾은 종이로 함께 문장을 완성한다.

때론 친구보다 먼저 종이를 찾으려는 마음이 앞서 조급해 하는

아이들이 있다. 그래서 이 놀이의 핵심은 먼저 찾는 것이 아니라,

한 문장을 함께 완성하는 것이다.

어떤 문장이 완성될지 내심 기대하면서 한 글자 한 글자

찾아다니는 아이들의 눈이 어느 때보다 빛난다.

한 글자를 찾고 나면 아직 종이를 손에 들지 못한 친구를 찾아가

같은 목적을 향해 함께 전진하는 기쁨을 느끼는 순간들이

아이들을 더 반짝이게 만드는 것 아닐까?

"이 반짝임이 너희를 더 단단한 어른으로 키워 줄 거라는

사실을 잊지 마."

💬 칠판에 적어 놓은 보물찾기 규칙

★ 여러분 키보다 높은 곳에는 없어요. 의자를 밟고 올라가지
   않아도 돼요.

★ 친구들 책상 서랍, 사물함 안에는 넣지 않았으니
   다른 친구들의 물건에는 손대지 말아요.

★ 한 사람당 하나씩만 찾을 수 있어요. 먼저 찾은 친구는
   아직 못 찾은 친구를 도와주세요.

★ 1교시가 시작하기 전까지 협동해서 완성한 종이를 칠판에
   붙이고 문장을 완성하세요.

17

사랑 1

⊕ 사랑의 절친 : 아낌없이 주는 것

사랑, 맛있는 음식을 먹을 때,
아름다운 풍경을 보고 있을 때,
그 사람이 생각나는 것.

아이들 마음속 보석

- ◆ 부모님이 내게 주시는 것
- ◆ 우리집 고양이가 아플 때 밤새 옆에 있어 주는 것
- ◆ 부모님이 맛있는 음식을 만들어 주는 것
- ◆ 엄마가 웃는 모습을 보고 나도 행복해지는 것
- ◆ 시간이 오래 걸려도 기다려 주는 것
- ◆ 잊지 않고 화분에 물을 주는 것

'사랑한다'는 건 세상에서 가장 흔한 말이면서
가장 왜곡되기 쉬운 말이 아닐까?
왜곡된 사랑, 잘못 이해한 사랑은 세상에 숱한 갈등과 오해를
불러일으켜 왔다. 세상이 그리 호락호락하지 않기 때문에
왜곡된 사랑이라는 것도 존재한다고 가르쳐 줬지만
우리 아이들은 그런 건 모르고 자랐으면 좋겠다.
그런 건 몰라도 되는 세상이 아이들 앞에 펼쳐지기를 바란다.

위대한 일을 하게 만드는 사랑,
아무리 주어도 아깝지 않은 사랑.
앞으로 그런 사랑을 많이 경험하며 성숙해 가기를….
내가 표현하는 사랑을 잘 알아 주고 감사해 하는 우리 반이
오늘따라 참 사랑스러웠다.

"선생님은 여행 가서 예쁜 풍경을 볼 때,
달콤한 망고를 먹을 때 너희가 생각났어.
오늘 다 같이 선생님이 가져온 망고를 한 조각씩 나눠 먹으며
이렇게 또 우리 반은 사랑에 대해 배웠네?"

18

참여

⊕ 참여의 절친들 : 협동, 도움

참여, 우리 주변에서 일어나는 공동의 문제에 관심을 가지는 것.
문제를 원만하게 해결해 나가기 위해서 다 함께 노력하는 것.

아이들 마음속 보석 : 학교에서 우리가 다 함께 참여해야 하는 일은?

♦ 교실에서 나오는 쓰레기 분리수거를 함께하는 것

♦ 남학생과 여학생 모두가 적극적으로 참여하고 즐길 수
  있는 체육 시간 만들기

♦ 소외되는 친구가 있을 때 모른 척하지 않고
  함께 놀 수 있도록 의견 모으기

♦ 에너지 절약을 위해 교실 에어컨 켜는 시간 정하기

♦ 바르고 고운말 쓰는 교실 만들기

이네의 교실 ◈

'아이들에게는 아직 투표권이 없지만 정치에 참여할 수 있는
방법이 없을까?' 함께 고민해 보았다.
신문이나 뉴스를 보면서 사회 문제에 관심 갖기, 불매 운동하기,
친구들과 마음을 모아 캠페인 활동하기, 국민 청원에 참여하기,
시민단체 활동에 참여하기, 서명 운동 참여하기, 봉사활동 하기
등등.

지금 여기에서 더 나은 세상을 위해 할 수 있는 일을
생각해 보면 아직 어린 친구들도 할 수 있는 게 참 많다.
이런 시간들이 차곡차곡 쌓이면서 더 나은 어른이
되어 가는 거겠지?

내친 김에 '내가 대통령이 된다면 가장 먼저 시행할 정책'에
대해 이야기해 보자고 하니 눈을 반짝이며 좋은 정책들을
내놓는다.
생각보다 아이들이 우리 동네, 우리 학교를 넘어서 우리 사회,
세계, 지구, 그리고 환경 문제 등 훨씬 다양한 것에 관심을
가지고 있었다. 이렇게 오늘도 세상을 바라보는 시각이
훨씬 더 넓어졌다

빛나는 태양처럼 찬란한

19

모험심

⊕ 모험심의 절친들 : 용기, 도전

모험심, 실패할지도 모르지만 두려워하지 않고 도전해 보는 것.
도전에 실패해서 실망하더라도 경험 삼아 나를 발전시키는 것.

아이들 마음속 보석

♦ 조금 겁나도 하고 싶은 일을 일단 해 보는 것

♦ 나를 설레게 하는 것

♦ 평범하고 지루한 일상을 벗어날 수 있게 해 주는 마음

♦ "한번 해 보지 뭐!"

♦ 처음 혼자서 버스 타고 집까지 갈 때 느낀 마음

♦ 안 가 본 곳 가 보기

♦ 선생님과 처음 해 보는 놀이를 할 때 두근대는 마음

세상에는 내가 아직 모르는 것이 많다.
보고, 듣고, 느끼고, 해 볼 것들.
조금만 눈을 돌려서 내가 생각하고 행동해 오던 방식의
테두리를 벗어나면
신기하고 재미있는 것들이 많다.

앞으로 아이들이 살아갈 세상에는 더 많은 모험들이
펼쳐지겠지?
그럴 때 이런저런 핑계 앞에 주저앉지 않고
도전할 만한 에너지가 아이들에게 늘 있었으면 좋겠다.
그리하여 어느 정도의 모험을 즐기게 되기를.
스스로 살 맛 나는 인생을 꾸려가기를.

20

공감

⊕ 공감의 절친들 : 위로, 소통, 진심

공감, '만약 내가 저 사람이라면…' 하고 생각해 보는 것.
상대방의 말을 듣고 그 사람의 입장에서 곰곰이 생각해 보는 것.
선생님이 "그렇게 생각할 수도 있겠구나"라고 말씀하시는 것.

아이들 마음속 보석 : 공감하는 말과 행동

- ♦ "그럴 수도 있지~ 힘내!"라고 말하고 토닥여 주기

- ♦ "많이 힘들었지? 힘내라고 안 할 거야.
  네가 정말 힘들면 포기해도 좋아.

- ♦ "너 왜 그래? 무슨 일 있어?"라고 물어 보기.

- ♦ "그랬구나, 정말 힘들었겠다.
  이 상황이 싫다면 이렇게 해 보는 건 어때?"

- ♦ "그랬구나…. 나라도 그랬을 것 같아."

- ♦ "괜찮아? 속상했지?"

아이들과 다양한 경험을 진솔하게 나누면서
마음속에 공감을 잔뜩 충전했다.
서로를 아프게 하는 매서운 말들, 혐오하는 표현
그리고 무관심….
이런 것들은 우리 반에서 사라지게 하고
서로에게 공감하고 이해하는 말을 많이 해 주기로 약속했다.

대화를 할 때 공감은 정말 중요하다.
따뜻하고 이해받는 기분이 드니까.
오고 가는 대화와 공감 속에서 우리 교실은
더 화사해지고 온기가 돈다.

빛나는 태양처럼 찬란한

공감이란 상대방의 눈으로 보고,
상대방의 귀로 듣고,
상대방의 마음으로 느끼는 것

_ 알프레드 아들러《인생에서 지지 않을 용기》중에서

21

성실

⊕ 성실의 절친들 : 시간 관리, 정성

성실, 누가 보든 보지 않든, 보상이 있든 보상이 없든
게으름 피우지 않고 내가 할 일을 꾸준히 하는 것.
성실은 시간 도둑에게 소중한 내 시간을 빼앗기지 않도록
도와주는 튼튼한 방패!

아이들 마음속 보석 : 나의 시간 도둑은? 어떻게 하면 시간을 빼앗기지 않을까?

- ◆ 정리가 잘 안 되어 있는 책상 : 그때그때 물건들을 잘
  정리해서 미루지 않는 습관 만들기
- ◆ TV : '10분만 더 봐야지' 하다가는 1시간이 지나가버린다.
  시간을 정해두고 보기
- ◆ 스마트폰 : 숙제를 할 때는 전원을 끄고 서랍에 넣어두기
- ◆ 무계획 : 해야 할 일들의 우선순위를 정해 1순위부터
  차근차근 계획을 세워 해나가기

'어떻게 살아야 할까?'

많은 사람이 이 거창한 질문 앞에서 머뭇거리지만,

아이들에게는 거창한 답을 내놓기보다 지금 할 수 있는 것을

하는 것이 최선이라고 말해 주고 싶었다.

아직 다가오지 않은 미래에 불안해 하며 소중한 하루를

흘려보내지 말고 그저 하루를 성실하게 살아가면 되지 않을까?

성실하게 살아온 하루하루가 모여서 우리의 인생이 되는

거니까. 지금을 잘 살아내면 되는 거다.

'시간 도둑'이라는 이름을 붙여 우리의 게으름을 점검해 본 날.

뭐든지 이름을 붙여 보면 더 실감나는 법!

이제 시간 도둑 물리칠 계획을 세웠으니, 실천하는 일만 남았다.

"애들아, 뭐든 꾸준히 하고 부지런히 한다는 건 힘들지만 정말

중요하고 값진 일이야. 세상에 거저 얻을 수 있는 건

아무것도 없으니까! 자신의 자리에서 오늘도 성실하게

지낸 우리 반 칭찬해."

22

질서1

⊕ 질서의 절친들 : 원칙, 협동

질서, 코로나19로 잃어버린 우리의 일상이 하루빨리
이전으로 돌아오도록 모두가 지켜야 하는 것.
수많은 의료진 분께 감사한 마음으로 코로나 안전 수칙을
지키며 생활하는 것.

아이들 마음속 보석 : 코로나19로부터 우리를 지키기 위한 질서

♦ 비누로 꼼꼼하게 손 씻기

♦ 환기 자주 시키기

♦ 기침할 때는 입과 코를 가리고 하기

♦ 씻지 않은 손으로 얼굴 만지지 않기

♦ 외출할 때는 마스크를 꼭 쓰고, 1개 정도 더
  가방에 넣고 다니기

♦ 친구와 적당한 거리를 두고 지내기(그래도 마음만은
  멀어지지 않기)

이네의 교실 ◈

코로나19 이전의 질서는 외부로 체험 학습을 나가기 전에
점검해야 하는 것이었다.
'아무 데나 쓰레기 버리지 않기' 등 아이들이 지켜야 하는
사항을 말하고 주의를 주기 바빴는데, 이제는 '거리두기'가
지켜야 하는 질서가 되어 버렸다.
어른들이 먼저 솔선하는 모습을 보여야 하는데,
부끄러운 모습들만 드러나고 있어 안타깝다.

하루빨리 아이들이 마음껏 활동할 수 있는 사회로 돌아갈 수
있도록 어른들이 더 애쓰고 노력해야 하지 않을까?
아이들에게 질서를 가르치다가 어른들의 질서에 대해 더 많은
생각을 하게 되었다.

23

효도

⊕ 효도의 절친들 : 감사, 표현

효도, 부모님도 이번 생은 부모가 처음이라 서툴 때도 힘들 때도
있지만 최선을 다하고 계시다는 것을 알고 감사하는 마음.

아이들 마음속 보석 : 부모님께 드리고 싶은 쿠폰

- ◆ 힘들게 일하고 들어오신 부모님께 사랑스럽게
  노래 불러드리기 쿠폰
- ◆ 뽀뽀 이용권
- ◆ 학교에서 있었던 일 이야기해 드리기 쿠폰
- ◆ TV, 휴대폰 그만하기 쿠폰
- ◆ 안마해 드리기 쿠폰
- ◆ 편식하지 않기 쿠폰
- ◆ 내 방 정리하기 쿠폰

어버이날, 오늘 하루는 나를 보듬어 주시고
사랑해 주시는 분들께 감사하는 마음을
평소보다 더 꾹꾹 눌러 담아 잔뜩 표현하는 날!

우리가 무언가를 처음 할 때 서툴러서 실수를 하기도 하듯이
어른들도 부모님의 역할은 처음이라 서투르거나 실수하실 때도
있다는 걸 아이들이 알았으면 좋겠다.
하지만 나를 생각하고 아끼는 마음만큼은
커다랗고 따뜻하다는 것도.
가만히 생각해 보면 삶의 구석구석 부모님의 손길이
닿지 않은 부분은 없으니까.

"오늘은 더 크게 사랑한다고 말씀 드리고,
더 많이 안아 드리자."

24

자연스러움

⊕ 자연스러움의 절친들 : 아름다움, 자유

자연스러움, 있는 그대로, 내가 느끼는 대로, 생각하는 대로,
나의 방식대로 당당하게 행동하는 것.
"너무 경직되고 힘이 들어간 모습보다는 너희가 가진 그대로의
모습이 훨씬 아름답고 예뻐."

아이들 마음속 보석

✦ 재미있으면 참지 말고 깔깔대며 웃는 것

✦ 호랑이가 동물원에 갇혀 있는 것이 아니라 자기가
　있어야 할 자연에서 자유롭게 있는 것

✦ 나이가 드셔서 생긴 할머니의 예쁜 주름

✦ 화장을 안 했을 때 제일 예쁜 엄마 얼굴

✦ 나무랑 꽃들이 계절마다 예쁘게 변하는 모습

✦ 내가 느끼는 기분을 있는 그대로 표현하기

✦ 오래 돼서 낡았지만 그래서 더 정이 가는 내 물건들

자연은 어느 하나 기계로 찍어낸 것처럼 똑같지 않고
형형색색 저마다 고운 자태와 빛깔로서 존재한다.
어떤 빛을 내든 상관없이
나다운 모습으로 살아가는 게 곧 자연스러움이 아닐까?

나에게 가장 자연스러운 방식으로, 나답게 살아간다면
그 순간들이 모여 유일무이하고 진정한
나의 인생을 이루어서 아름답게 빛나리라 믿는다.
그 믿음이 지금의 나를 있게 했고,
앞으로의 나를 나로서 빛나게 해 줄 것이다.

오늘도 나다움을 잊지 말자고 주문을 왼다.
그리고 아이에게도 자연스러움을 주문해 본다.
자기다움을 잊지 않고 자연스럽게 자라나기를 바라는
마음을 담아서.

25

만족감

⊕ 만족감의 절친들 : 감사, 자족, 행복

만족감, 없는 것에 속상해 하거나 미련을 갖지 않고
내가 이미 가진 것들의 소중함에 대해 생각하는 것.
오늘, 지금, 여기에서 소소한 일상에 행복을 느끼는 것.

아이들 마음속 보석 : 나를 만족하게 하는 것들

♦ 건강한 몸

♦ 부모님의 사랑

♦ 운동하고 나서 시원한 물 한잔 들이키는 것

♦ 땀 뻘뻘 흘리면서 방 청소를 끝내고 샤워하기

♦ 지난번에 60점 받았던 수학 시험 70점 받은 일

♦ 6학년이 되어서 5학년 때보다 일찍 일어나는
    습관을 만든 나에게 느끼는 기분

♦ 오늘도 무사히 편안히 자면서 하루를 마무리하는 것

내게 없는 것을 탐내느라, 일어나지도 않은 일을 걱정하느라
소중한 시간을 허비하는 것을 늘 경계한다.
그 시간에 내가 이미 가지고 있는 것에 만족하면서
조금씩 더 나아지려고 노력한다면 충분한 거다.
소소해서 별 것 아니라고 생각했던 것들 중에서도
잘 생각해 보면 나를 행복하게 하는 것들이 많다.

아이들과 내가 이미 가지고 있는 것들을 떠올리며
만족감을 채워 보니, 우린 참 행복한 사람이라는 생각에
새삼 가슴이 벅차오른다.

"어제보다 조금 더 나아진 나의 모습도 충분히
만족할 만한 일이야."

26

상냥함

⊕ 상냥함의 절친들 : 아름다움, 자유

상냥함, 조심스럽고 부드럽게 행동하는 것.
친구들에게 부드럽게 말하며 미소를 짓는 것.
주변 사람들에게 상처를 주는 말이나 행동을 하지 않는 것.

아이들 마음속 보석

- ◆ 길에 있는 고양이에게 뭘 던지거나 괴롭히지 않는 것
- ◆ 친구가 무엇을 물어보면 귀찮아하지 않고 친절하게
  알려 주는 것
- ◆ 다툼이 생겼을 때 언성부터 높이지 않고 대화해 보는 것
- ◆ 어른에게는 존댓말을 사용하고 예의를 갖추는 것
- ◆ 옆에 있는 사람에게 관심 갖기. 친구가 추워하는 것
  같으면 "너 추워?"라고 물어 보고 덮을 것 주기
- ◆ 밝은 표정으로 인사하는 것

누구나 그렇듯 나도 상냥한 사람을 좋아한다.
그리고 누구에게나 상냥한 사람이 되고 싶다.
요즘 같은 세상에서는 내 그릇 챙기기 바쁘고,
내 시간 빼앗길까 조바심 내기 쉬워
상냥하기가 더 어려운 것 같다.
그러나 아이들이 말 한마디도 '상냥함'이라는 그릇에 담을
여유를 갖고 세상을 살아간다면 그만큼 아이들 주위가
따뜻해지지 않을까 하는 기대를 해 본다.

말이라는 건 사랑을 표현하고 생각을 전달하기 위해서
있는 거지 상대방에게 상처를 주거나 위협하라고 있는 게
아니니까.
우리의 고운 손도 마찬가지다. 때리거나 밀치라고 있는 게
아니라 힘들 때 맞잡거나 여러 가지 필요한 일에
사용하기 위해서 있는 거다.

서로 상처 주지 않고,
혹시나 마음에 상처를 입은 친구가 있다면
상냥함으로 새살을 돋게 해 주기로 아이들과 약속했다.

27

열정

⊕ 열정의 절친들: 도전, 집중, 열심

열정, 지금을 사랑하고 즐기면서 온 힘을 다하는 것.

분명히 지칠 때가 있겠지만 꾸준히 나아가는 것.

그래서 내 가슴을 뜨겁게 하고 모두의 마음을 울릴 수 있는 것.

새로운 것을 배울 때도 열정적으로! 친구들과 뛰놀 때도 열정적으로!

아이들 마음속 보석

♦ 연습하고 있는 피아노 연주곡을 다 외워서 치는 일

♦ 내가 제일 아끼는 컬러링북 열심히 완성하기

♦ 매일 계단 오르기를 열심히 해서 살도 빼고 건강해지기

♦ 사람들에게 정보와 웃음을 주는 유튜브 영상 만들기

♦ 랩 연습해서 장기자랑 시간에 친구들 앞에서 선보이기

♦ 주말마다 엄마랑 같이 요리하는 것

♦ 매일매일 수학 복습 2장씩 하면서 공부하는 습관 기르기

♦ 건강한 몸을 가지기 위해 매일 꾸준히 운동하기

살다 보면 유난히 가슴 설레게 하고
마음을 울리는 일들이 있기 마련이다.
우리 아이들도 그렇겠지? 아이들이 그 기쁨을 일찍부터
알았으면 좋겠다.

나에게는 학교에서 아이들과 지내는 일이 그렇다.
하지만 좋아하는 일을 하더라도 누구나 지치는 순간이 있다.
늘 좋은 일만 있는 건 아니고 실패와 좌절의 순간이 찾아오니까.
앞만 보고 달리는 게 열정이 아니라
지쳤을 때 나의 목표와 의지를 되새기며 몸과 마음을 회복하고
다시 일어나 도전하는 마음이 진정한 열정이다.

이런 열정이 나를, 그리고 우리를 또 한 번 성장시키는
보석이다.

"혹시 지금 조금 지쳤다면, 그게 너희에게 열정이 있다는
증거겠지! 잠시 움츠렸다가 다시 한 번 열정을 가지고 시작하면
되는 거야."

28

너그러움

⊕ 너그러움의 절친들 : 이해, 배려

너그러움, 친구에게 내 과자도 하나 먹어 보라고 주는 것.
바다같이 넓고 따뜻한 마음.
'그럴 수도 있지'라고 상대방을 이해하려고 노력하는 마음.

아이들 마음속 보석

- ♦ 부모님이 내 실수를 크게 나무라지 않으시는 것
- ♦ 친구가 실수로 밀쳐서 미안하다고 하면 "괜찮아" 하는 것
- ♦ 친구가 내 장난감을 갖고 놀고 싶어 하면 기꺼이
  빌려 주는 것
- ♦ 친구에게 빨리 하라고 닦달하지 않는 것
- ♦ 크게 중요한 게 아니면 너무 뭐라고 하지 않기
- ♦ 무조건 "안 돼"라고 말하지 않는 것
- ♦ 친구가 도움을 필요로 하는 것 같으면 가서 도와주는 것

아침에 학교에 오면 매일 다짐하는 게 있다.
"오늘 하루도 많이 웃고, 나에게도 아이들에게도 너그러운
마음을 갖자!"

스스로에게 너무 많은 규칙들을 세우고
엄격하게 대하면 마음에 여유가 사라지고 만다.
그러다가 내가 계획한 것들을 다 이루지 못하면
스스로에게 실망하거나 화가 날 수도 있다.
그러면 아이들에게도 많이 웃어주지도 못 하고 너그럽게
대하지도 못하게 된다.
때문에 나 자신에게 너그러워지려고 노력하는 편이다.
자신에게 너그러워야 상대방에게도 너그러워질 수 있으니까.

"모든 걸 너무 완벽하게 해내지 않아도 돼.
마음에 어느 정도 여백을 두고
유연하고 너그러운 교실을 만들어 보는 건 어때?"

29

지혜

⊕ 지혜의 절친들 : 깊은 생각, 좋은 판단

지혜, 지식을 이용해 상황을 판단하는 능력.

여러 가지 경험을 통해 얻어지는 능력.

인터넷 검색으로는 얻을 수 없는 생각의 힘.

아이들 마음속 보석 : 문제가 생겼을 때 지혜로운 사람은?

- ♦ 여러 가지 입장을 다 들어 보고 공평하게 생각할 수 있는 사람
- ♦ 새로운 것에 도전해 보며 길을 찾는 사람
- ♦ 깊이 생각하는 사람
- ♦ 내가 한 실수에서 교훈을 얻는 사람
- ♦ 남의 험담을 하지 않는 사람
- ♦ 고정관념을 가지지 않는 사람
- ♦ 상대방의 입장에서 생각할 수 있는 사람

많은 지식을 갖고 일을 빨리 처리하는 사람보다
시간이 걸리더라도 지혜로운 방법을 택해서 문제를 해결하는
사람에게 더 마음이 가고 존경심을 갖게 된다.

지식이야 인터넷에서 검색하면 금방 찾을 수 있지만
지혜는 그렇지 않다. 배운 지식을 이용해서 어떻게 상황을 헤쳐
나가면 좋을지 판단하는 능력이 지혜니까.
꾸준히 길러야 하는 것이다.

나는 경험이 지혜를 만든다고 생각한다. 때문에 아이들이 이미
가진 지혜라는 보석이 빛나려면 늘 새로운 경험을 시도하고
도전하며 스스로 질문해봐야 한다.

"지식만 많은 사람보다는 지혜로운 사람으로 성장하는
우리 반이 되길 바라.
선생님도 우리 교실에서 삶의 지혜를 보여 줄 수 있는 사람이
되기 위해 마음속에 있는 지혜를 쬘 길고닦을게."

30

소통

⊕ 소통의 절친들 : 대화, 의견 존중

소통, 내 생각만 강요하지 않는 것.

서로 다른 점도 있지만 닮은 점도 있으니까 서로 손을 내밀어 보는 것.

"함께 소통하면 더 좋은 생각과 행동이 나올 수 있어."

아이들 마음속 보석

- ◆ 나와 생각이 달라도 이유를 물어 보고 잘 들어 보는 것
- ◆ 혼자만의 생각보다 더 좋은 방법을 찾을 수 있는 좋은 대화
- ◆ 큰 위로를 받을 수 있는 것
- ◆ 오해를 잘 풀고 사이좋게 지낼 수 있는 대화
- ◆ 상대방의 입장을 곰곰이 생각하고 이해해 보려고 노력하기
- ◆ 상대방을 존중해야만 가능한 것

소통이 되지 않는 관계에서 오는 불편함은
소화가 되지 않을 때 느끼는 불편함과 같다.
소화가 안 될 땐 약을 먹으면 되지만
소통이 되지 않는 관계를 개선하려면 노력이 필요하다.

어려서부터 소통에 대한 개념을 알고 노력한 사람은
큰 힘을 들이지 않고 소통을 잘 하는 어른이 될 수 있다.

"소통은 서로 잘 통한다는 뜻이야. 서로 존중할 때 가능한 거지.
소통하려고 노력하지 않으면 자신의 의견만 강요하게 되기
때문에 서로 헐뜯고 무시하기 쉬워. 결국 아무 말도 하지 않는
사이가 되고 말 거야.

상대방을 위해 한 발짝씩 뒤로 물러섰다 앞섰다 하며
서로 의견을 존중한다면 더 풍성한 대화를 할 수 있게 될 거야.
우리 교실을 소통 천국으로 만들어 보자."

교실 속 작은 코너
보이는 라디오

비가 오던 어제, 집에 갔는데 갑자기 현관 비밀번호가 기억이 나지 않았어요. 그래서 어쩔 수 없이 집 앞에서 5분 동안 쪼그리고 앉아 있었죠. 그런데 가방을 찾아 보니 현관 열쇠가 들어 있는 겁니다. 도대체 5분 동안 왜 앉아 있었는지 모르겠네요. 어쨌든 열쇠가 있어서 집에 잘 들어 갔어요.

신청곡 : 비(폴킴)
보내는 이 : 윤눈

제가 좋아하는 가수의 노래를 신청합니다. 저는 특히 이 노래를 좋아하는데요. 가수의 매니저가 40세에 심장마비로 돌아가셔서 친한 친구였던 그를 추모하기 위해서 만들었대요. 같이 듣고 싶어요.

신청곡 : memories(마룬5)
보내는 이 : 요치

친구들이랑 요즘 잘 놀지 못해서 아쉬워요.
'친구'라는 노래를 같이 듣고 싶어요.
코로나19 빨리 물러가라!!!

신청곡 : 친구(방탄소년단)
보내는 이 : 가든

무더운 여름이 되면 저는 겨울이 생각나요. 작년 겨울에 친구들과
함께 놀았던 기억이 나요. 그때는 친구들이랑 같이 모여서
재미있게 놀았었는데… 지금은 그러지 못해서 아쉬워요.
이 곡은 누구나 들으면 아! 할 것 같은 클래식이고 제가 좋아하는
곡이라서 신청합니다.

신청곡 : 사계 중 겨울(비발디)
보내는 이 : 겨울이

거울이의 말

6월

매미가 너희에게 할 말이 있대.

"와, 정말 덥죠?
제 소리가 아직 들리지 않아서
제가 어디서 무얼 하나 궁금하시죠?
7년을 땅 속에서 기다리다가 조금 있으면
땅 위로 올라갑니다. 곧 만나요!"
(p.s 시끄럽다고 미워하면 안 돼요! ^_^)

– 매미 올림

TIME TABLE
여름방학

방 : 방심하는 순간
학 : 학교 오는 날!

방심하는 순간 학교에 오게 되니까,
방학 알차게 잘 보내, 우리 반!

반짝이는 우리 반의 뜨거운 여름방학 숙제

♥ 날마다 새로운 단어 1개씩 사용하기

♥ 날씨가 좋은 날은 하늘이 잘 보이는 곳에서 석양 바라보기

♥ 매일 나만을 위한 시간 꼭 내기 (취미 만들기)

♥ 음악을 자주 듣고 내 맘대로 춤춰 보기

♥ 책, 신문, 뉴스는 매일 꼭 보기

♥ 매일 거울을 보고 사진을 찍는 것처럼 환하게 웃어 보기

♥ 남과 비교하지 않고 긍정적으로 생각하기

PART. 3
지금부터야, 우리의 이야기

31

용기

⊕ 용기의 절친들 : 도전, 모험, 정의

용기, 겁이 나지 않는 것이 아니라 겁이 나도 한번 해 보는 것.
모르는 것이 있을 땐 부끄러워하지 않고 모른다고 말하는 태도.
옳지 않은 일을 옳지 않다고 말하는 것.
새로운 것에 도전하고 꾸준히 배우는 일.

아이들 마음속 보석 : 나에게 용기가 필요한 일

♦ 발표하는 것
♦ 옳지 않은 말이나 행동을 하는 사람에게
  "하지마세요"라고 말하는 일
♦ 사람들과 다른 의견도 자신 있게 말하기
♦ 먼저 사과하기
♦ 짝지가 된 친구랑 어색할 때 먼저 말 걸기
♦ 매운 음식 먹어 보기
♦ 괴롭힘을 당하는 친구 도와주기

요즘 새롭게 배우고 있는 운동이 있는데 실력이 쉽게 늘지 않아
힘들었다. 이쯤에서 포기할까 하는 생각이 들던 차였는데,
아이들과 용기에 대해서 이야기를 나누고 나니
용기가 조금 더 생겼다.
누군가에게는 사소해 보일지라도 우리 각자가 내고 있는
용기는 모두 멋지고 대단한 것이다.

아이들에게 큰 용기가 필요한 순간을 새삼 다시 알게
되었고, 좀 더 아이들을 배려하고 이해해줘야겠다는
생각이 들었다.
오늘도 아이들을 통해 많은 것을 배운다.
다른 사람들이 나를 어떻게 생각하는지에 너무 신경 쓰지 않고
최선을 다해 나에게 집중하고 용기를 내보는 것,
그리고 나의 목소리를 내는 자신감!

"늘 꾸준히 도전하고, 배우고, 자신의 목소리를 표현할 수 있는
용기 있는 우리 빈이 되기를 선생님이 늘 응원할게."

32

칭찬

⊕ 칭찬의 절친들 : 인정, 존중

칭찬, 상대방의 장점을 발견해서 진심을 담아 표현하는 것.
마음을 움직이고 사람을 변화시키는 강력한 힘!
덩달아 나의 기분도 여유롭고 행복해지는 마법 같은 말.

아이들 마음속 보석 : 칭찬이 가져다주는 것들

♦ 미소와 콧노래

♦ 편안함과 화해 그리고 우정

♦ 변화, 자신감, 온종일 좋은 기분

♦ 자랑하고 싶은 마음, 도전할 수 있는 용기

♦ "나 생각보다 대단한데?" 하는 생각

♦ 감사, 감동의 눈물, 의욕

칭찬을 들은 날은 온종일 얼굴에 미소가 따라다니고, 콧노래를
흥얼거리게 된다. 마음속에 있는 무겁고 무서운 것들을
물리쳐주는 힘이 그 안에 있다.
아이들에게 칭찬하는 말을 하루에 한 가지씩이라도
꼭 해 주자고 다시 한 번 다짐한다.

오늘 아이들이 친구들을 칭찬하는 모습을 보면서,
상대방의 장점들을 듬뿍 찾아내서 칭찬해 줄 수 있는 건
참 따뜻하고 귀한 능력이라는 생각이 들었다.
어쩜 그렇게 친구들의 장점을 구석구석 잘 찾아내서
예쁘게 말해 주는지….
가끔 아이들을 칭찬하는 일에 인색했던 것 같아
반성이 되기도 했다.
칭찬은 받는 사람도 변화시키지만 하는 사람에게도 기분 좋은
변화를 가져다 준다.

"얘들아, 칭찬을 하고 나니 좀 더 서로를 알아가고
관계가 깊어지는 느낌이 들지? 말 한 마디가
이렇게 큰 힘이 있을 줄이야!"

지금부터야, 우리의 이야기

👍 선플 달기 캠페인

① 요즘 하고 있는 고민 혹은 자신에 대한 이야기를 각자 적어서
  칠판에 붙여 둔다.

② 친구가 붙여 둔 글을 읽고 익명으로 댓글(선플)을 달아 붙인다.

③ 자신이 쓴 글과 친구들이 붙여 준 댓글을 가져가 노트에 붙여
  보관한다.

하교할 때쯤 되면 친구들의 선플이 꽤 많이 달려 있다.

사연을 적은 아이도 친구들의 말을 하나하나 읽어 보고

선플 쪽지들을 공책에 빼곡히 붙이면서 좋아한다.

요즘 문제가 되는 악성 댓글에 대해 함께 생각해 보면서

아이들과 한 달 동안 실천한 교실 캠페인이다.

한두 명이 선플을 먼저 달고 나면 그 밑에 선플이 줄줄이

달리는 것을 보면 놀랍기도 하다.

누군가의 고민에 따뜻한 마음들이 전달되는 것을 보니 마음이

뭉클해진다. 추운 겨울의 교실도 아이들의 온기로

이내 후끈 달궈진다.

💬 고민 사연에 달린 선플들

오늘의 사연 : 키가 작아서 고민이에요.

★ 아침, 점심, 저녁 다 먹고 운동 많이 하면 금방 클 거야.
   특히 줄넘기가 좋아.

★ 멸치, 우유를 많이 먹고 일찍 자면 돼. 그리고 중학생이 되면
   쑥쑥 클 테니 너무 걱정하지 마.

★ 작아서 귀여운데 ^^ 나이 먹으면서 클 거야. (아마도…)

★ 영양분을 많이 섭취하면 나중에 키가 클 거야.
   (나는 안 해 봤지만…. 그래서 나도 키가 작은 거야.)

33

고정관념 11개기

⊕ 고정관념 깨기의 절친들 : 열린 생각, 다양한 시선

고정관념 깨기, 하늘색은 한 가지가 아니라 여러 가지라고
생각할 수 있는 것.
다양한 시선으로 더 자유롭고 넓은 세계를 만날 수 있는 방법!

아이들 마음속 보석

♦ 5번 실패했다고 6번째에도 당연히 실패할 것이라고
  생각하지 않는 것.

♦ 왜 우리 학교 출석번호는 남자가 1번부터 시작하고 여자는
  41번부터 시작하나요?

♦ "나이도 어린 게…"라고 말하는 건 고정관념이죠.

♦ 남자 같은, 여자 같은 이름이 뭔가요? 모두 자신다운 개성이
  넘치는 이름인 걸요!

♦ 왜 늘 사랑은 핑크색이라고 할까?

아이들은 여러 가지 영역에서 감수성이 참 뛰어나다.
너무 당연하게 '그냥 그렇다'고, '원래 그렇다'고
생각해 온 것들이 참 많았다는 생각이 든다.
아이들과 여러 가지 고정관념에 대해 의견을 나누면서
'첫인상으로 누구를 쉽게 판단하면 안 된다'는 뼈저린
경험담부터 성별과 관련된 다양하고도
진지한 대화가 이어졌다.

"선생님은 오늘처럼 너희가 다양하고 말랑말랑한 생각을
가지고 자유롭고 자연스럽게 그리고 유연하게 살아가길 바라.
남자답게, 여자답게 이런 것 말고, 나답게 너답게!"

34

배려

⊕ 배려의 절친들 : 친절, 이해

배려, 나의 말이나 행동이 상대방에게 어떤 영향을 줄지
생각하고 행동하는 것. 복도를 지나갈 때 다른 반이 수업 중이면
떠들지 않고 발소리를 작게 내며 조용히 지나가는 것.
상대방을 생각하는 멋진 마음.

아이들 마음속 보석

- ✦ 앞자리 친구의 자리가 좁은 것 같다면 책상을 살짝 뒤로
  옮겨 주는 것
- ✦ 연극 역할을 정할 때 상대방이 어려워하는 역할을 맡게
  되면 서로 협의하여 다시 정해 보는 것
- ✦ 장애인이나 유모차를 끄는 사람이 먼저 엘리베이터에
  탈 수 있도록 하는 것
- ✦ 내가 받았을 때 부담스러울 것 같은 행동은
  다른 사람에게도 하지 않는 것

곳곳에 사소한 배려가 있기에 우리가 교실에서 이렇게
화목하게 공존할 수 있는 것 아닐까? 진짜 배려는 상대방을
잘 관찰하고 공감하는 것에서 시작한다는 걸 깨달은 하루였다.
내가 하기 싫은 것은 남에게도 요구하지 않는 마음,
참 중요하다.

"'만약 친구가 못 참고 방귀를 뀌었다면 어떻게 반응하는 게
좋을까?'라는 물음에 까르르 웃으며 서로 말하겠다며 시끄럽게
배려를 외치던 너희, 정말 사랑스러워!"

* 만약 친구가 못 참고 방귀를 뀌었다면?
- 대충 이야기를 꾸며내 밖으로 나가거나 창문을 연다
- 오늘 이상하게 날씨가 더운 것 같다며 자연스럽게
  창문을 연다.
- 분위기가 어색하다면 엄청 크게 노래를 부르거나 춤을 추는
  등 자신이 할 수 있는 가장 이상한 행동을 한다! (그러면
  상대방은 웃을 것이고 분위기는 풀리지 않을까?)
- 민망하지 않게 나도 똑같이 해주기(?)
- 내 흑역사 말하기(말 돌리기)
- 감기에 항상 걸려 주는 것 (코가 막히니까)

남의 흉한 일을 민망히 여기고,
남의 좋은 일은 기쁘게 여기며,
남이 위급할 때는 건져주고,
남의 위태함을 구해주라.

– 명심보감

35

인내

⊕ 인내의 절친들 : 기다림, 배려

인내, 변함없이 학교생활을 열심히 하면서 수학여행 가는 날을
꾹 참고 기다리는 마음.
드디어 수학여행 일주일 남았다. 야호!

아이들 마음속 보석 : 모두가 행복한 수학여행을 위해 우리가 하는 약속

- ♦ 사람이 많은 곳에서는 조용히 하고 놀 때는 열심히 놀고!
- ♦ 선생님 말씀 잘 듣고 차에서는 조용히, 그리고 귀신의 집은
  무서우니까 같이 들어가기
- ♦ 한 명도 소외되지 않도록 함께 다니기
- ♦ 시간 약속 잘 지키기
- ♦ 회전목마 앞에서 우리 반 다 같이 사진 찍기
- ♦ 같이 다닐 때 의견 충돌이 일어나지 않도록 서로 양보하고
  배려하기

수학여행이 일주일 앞으로 다가온 우리 교실.
저마다 설레는 마음에 살짝 소란스러워진다.
특단의 조치로 수학여행 가기 전에 인내심 찾는 시간을 가지며
다 같이 즐거울 수 있는 수학여행을 만드는 방법에 대해서
의논해 보았다.

나는 자나 깨나 걱정이 많이 되는데, 아이들은 마냥 신났다.
설레하는 아이들을 보니 걱정하는 마음을 잠시 놓게 된다.
나도 어릴 땐 그랬으니까. 친구들이랑 같이 자는 것만으로도
두근두근 너무 기대되서 수학여행 가기 전날 밤 잠을 설쳤던
기억이 난다.
어쨌든 몇 밤만 지나면, 기다리고 기다리던 수학여행 가는 날!

"수학여행 때문에 너무 들떠서 수업 시간에 집중 못 하면 안
돼~~!"(근데 너희⋯ 귀신의 집 정말 기대되나 보네. 하하.)

지금부터야, 우리의 이야기

36

신중

⊕ 신중의 절친들 : 깊은 생각, 고민, 지혜

신중, 수학여행 가서 기념품을 사는 게 좋을지
안 사는 게 좋을지 잘 생각해 보는 것.
위험한 장소에 가지 않고 나 자신을 아끼며 항상 조심하는 태도.
나의 태도, 말, 행동이 옳은지 한 번 더 고민해 보기.

아이들 마음속 보석

♦ 내일 날씨가 어떨지 고민해 보고 그에 맞는 옷을 입는 것

♦ 다이어트를 할 때 살찌는 음식을 먹을까 말까 선택하는 것

♦ 수학 문제를 풀 때 한 문제, 한 문제 검산하고 고민하는 것

♦ 장난을 칠 땐 치더라도 내가 이 장난을 당해도 괜찮을지,
　도를 넘는 장난은 아닐지 한 번 더 생각해 보는 것

♦ 말을 할 때 그 사람의 기분이 어떨지 생각해 보고 말하는 것

♦ 앞으로 나에게 어떤 일이 생길지 미리 생각하는 것

♦ 나중에 후회가 되지 않도록 잘 고민하고 선택하는 것

수학여행 가기 전에 함께 생각해 봐야 하는 거리가
생각보다 많다. 신중함도 그중 하나다.
아이들의 진지한 생각들을 들어 보니 그새 또 부쩍
어른스러워진 것 같아서 기특하고 고마웠다.

"우리 신중이들 사고 없이 잘 다녀 오자!
내일 날씨가 추울 예정이니 신중하게 옷 잘 골라 입고
준비물 잘 챙겨서 만나자!"

지금부터야, 우리의 이야기

37

감사

⊕ 감사의 절친들 : 행복, 만족

감사, 무엇이든 당연하게 여기지 않는 마음.
화장실을 청소해 주시는 분들께 느끼는 마음. 그래서 화장실을
깨끗하게 사용하는 것.

아이들 마음속 보석

♦ 집에 들어오는 나를 반겨 주는 우리 강아지
♦ 고민을 털어놓을 친구가 있다는 것
♦ 내 편인 친구들과 선생님이 있는 우리 교실
♦ 스트레스를 풀 방법을 알고 있다는 사실
♦ 두 눈으로 멋진 세상을 볼 수 있다는 것
♦ 맛있는 치킨 냄새를 코로 맡을 수 있다는 것
♦ 학교 마치고 돌아갈 집이 있다는 것

매일 우리를 위해 화장실을 깨끗하게 청소해 주시는 분들께 감사한 마음을 담아서 인사를 드리는 아이들을 보면서 내심 뿌듯했다. 내친김에 일상 속에서 감사한 일들을 생각해 보는 시간을 가졌다.

"너희의 장기자랑 공연을 보면서 오늘도 많이 웃을 수 있어 감사해. 너희처럼 선생님도 오늘 감사 일기를 써 보았어."

* 오늘 선생님의 감사 일기
1. 아침에 바삭바삭, 뽀송뽀송하게 잘 마른 교실의 걸레들을 보니 화창한 햇살에 감사
2. 옆 반 선생님께 컴퓨터실을 급하게 빌려서 이용할 수 있었던 것에 감사
3. 된장찌개가 먹고 싶었는데 오늘 급식에 된장찌개가 나온 것에 정말 감사
4. 퇴근하고 친구들과 맛있는 음식을 함께 먹을 수 있음에 감사
5. 오늘도 따뜻한 마음을 가지고 실천하며 포근한 사람으로 성장해 준 우리 아이들에게 감사
6. 집에 돌아왔을 때 오늘 하루도 수고했다고 말씀해 주시는 엄마가 계신 것에 감사

38

친절

⊕ 친절의 절친들 : 상냥함, 배려

친절, 실수로 친구의 발을 살짝 밟았다면 "정말 미안해"라고 말하고,
그 친구는 웃으면서 "괜찮아, 실수인데 뭐"라고 답하는 것.
받을 때도 기분이 좋아지고 베풀 때도 기분이 좋아지고 무엇보다
나 자신이 좋아지고 행복해지는 비밀.

아이들 마음속 보석

 ♦ 화장실에 줄 서 있을 때 너무 급해서 얼굴색이 어두워진
   친구에게 먼저 양보하는 것

 ♦ 엘리베이터에서 누군가 타려고 하면 열림 버튼을 눌러
   기다려 주는 것

 ♦ 누군가 넘어지면 일으켜 주면서 괜찮은지 물어 보는 것

 ♦ 문 열고 나갈 때 뒤에 사람이 있으면 문을 잡아 주는 것

 ♦ 모르는 문제를 선생님께서 차근차근 설명해 주시는 것

사소한 친절이 주는 마법 같은 힘에 대해서 이야기를 나눈 시간.

상대의 친절한 말이나 행동에 기분이 좋아졌던 경험,
내가 누군가에게 친절한 행동을 했을 때 뿌듯한 마음과 함께
내가 멋진 사람이 된 것 같은 기분이 들었던 경험을 서로
나누면서 '친절'이란 보석은 정말 대단한 것 같다는
생각을 했다.

다른 사람을 배려하고 존중하면 동시에 내 마음도
행복해지니까.

"우리 주변을 살피고 사소한 친절부터 실천해 보자.
그러면 오늘 더 행복할 거야!"

39

절약

⊕ 절약의 절친들 : 지구 살리기, 북극곰 살리기

절약, 이제 필요가 없어진 내 물건을 그냥 버리는 것이 아니라 알뜰
장터에 내놓는 것.
나에게는 필요 없지만 다른 사람에게 가면 쓸모 있게 잘 쓰이는 것.
지구 온난화로 인해 빙하가 더 이상 녹지 않도록 노력하는 것.
동물들을 지키기 위해 모두가 실천해야 하는 것.

아이들 마음속 보석

♦ 겨울철에는 내복을 입어서 체온 올리기

♦ 종이컵보다는 물컵 사용하기

♦ 물을 흘려보내지 않고 컵에 물을 받아서 양치하기

♦ 실내에서는 항상 적절한 온도 유지하기

♦ 냉장고 문 자주 열지 않기

♦ 가까운 거리는 자전거로 또는 걸어서 이동하기

♦ 장난으로 불 껐다 켰다 하지 않기

앙상하게 말라서 먹이를 찾는 북극곰 영상을 보고
아이들의 눈시울이 뜨거워졌다.
오늘 우리가 갈고닦은 마음속 보석은 '절약'이다.
학용품 아껴 쓰기부터 안 쓰는 물건들을 가져와서 알뜰 장터
열기까지. 아이들의 절약에 대한 다양한 생각이 참 예쁘다.

할 수 있는 작은 것부터 꾸준하게 실천하기로 약속했다.
우리 모두의 작은 행동 하나하나가 모여서
환경을 지킬 수 있기를!
내복 입고 온 걸 자랑하며 "전기 아낍시다!" 외치는 아이들이
참 귀엽고 대견했다.

"선생님도 내복 입고 왔어!"

지금부터야, 우리의 이야기

40

인권 존중

⊕ 인권존중의 절친들 : 배려, 차별 없는 세상

인권 존중, 나와 다른 것을 틀렸다고 말하지 않는 것.
친구를 비난하거나 무시하지 않는 것.
우리가 마음껏 뛰놀고, 공부도 하고, 푹 쉬면서 건강하게
자랄 수 있게 보장받아야 하는 것.

아이들 마음속 보석

- ♦ 뚱뚱하고 키가 작다고 놀리는 사람들에게 그것은 잘못된
  행동이라고 말해 줄 수 있는 것
- ♦ SNS에서 악플 말고 선플을 달아 주는 것
- ♦ 인권은 지키라고 있고 악플은 사라지라고 있는 것
- ♦ 다른 사람의 인권을 보호하는 일은 곧 내 인권을 보호받는
  것임을 아는 것
- ♦ 나를 사랑할 줄 알고 상대방을 존중하는 것
- ♦ 피부 색깔이 다르거나, 성별이 다르거나, 장애가 있더라도 모두
  서로 배려하고 관심을 가져 주는 것

아이들 말대로 인권은 지키라고 있고 악플은 사라지라고
있는 것이기 때문에 무엇보다 중요하게 다룬다.
인권에 대한 공부는 참 중요하지만, 거창하고 어렵게 이야기할
것이 아니란 생각이 들었다. 섬세하고 진지하게 나눈 오늘
아이들의 이야기처럼 우리 생활 곳곳에 인권은 함께 있었다.

나와 다르다고 해서 틀렸다고 말하지 않고 귀 기울여 이해해 줄
수 있는 아이들의 마음이 참 예쁘다. 인권 감수성을 높이고 인권
친화적인 교실을 만들기 위한 노력은 학기 초부터 매일매일,
매 순간순간 꾸준히 해야 한다는 생각이 든다.
다양한 영역에서 우리가 생각하지 못했던 인권에 대한 관심을
가질 수 있었던 시간이었다.

"얘들아, 우리 교실에서도 서로 존중하며 따뜻하고 평화롭게
공존할 수 있도록 다 함께 노력해 보자."

지금부터야, 우리의 이야기

41

사랑 2

⊕ 사랑의 절친들 : 인내, 표현

사랑, 비 오는 날 우산을 안 가지고 간 동생이 걱정되는 것.
친구가 한숨 쉬면 신경이 쓰이는 것.
가까운 사람이 가끔 이해가 가지 않는 행동을 하더라도
일단 믿고 지켜봐 주는 마음.

아이들 마음속 보석

♦ 동생이 넘어졌을 때 바로 달려와서 괜찮은지 묻는 것

♦ 고양이를 위해 나무가 많은 쪽에 사료와 물을 두고 온 것

♦ 다큐멘터리에서 본 황제 펭귄이 아무리 추워도 새끼 펭귄을
  품 속에 넣고 지켜 주는 것

♦ 비가 엄청 많이 왔을 때 옥상에 있는 토마토 화분을 집 안으로
  가지고 온 것

♦ 선생님이 예쁜 바다를 볼 때 우리 생각이 났다고 하시면서
  우리에게 사진을 보내시는 것

사랑에 대해서는 아무리 이야기해도 끝이 없다.
사랑을 동력으로 하는 행동들이 무궁무진하니까!
사실 지금까지 우리가 꺼내 본 보석들이 대부분
사랑을 전제로 한 것들 아니었을까?

지난 봄 함께 이야기한 사랑이라는 보석을
이 가을 한 번 더 꺼내 보았다.
가을에 이야기하는 사랑은 왠지 조금 더 진중해진 느낌이다.
아이들이 그만큼 성숙했다는 증거라고 생각하니
괜히 마음이 뭉클해진다.
언제 이렇게 컸지?

학기 초에 했던 나의 염려와는 다르게 아이들은 스스로
많은 것을 깨달으며 자라간다. 작은 씨앗을 뿌렸을 뿐인데
무럭무럭 자라주는 것 같아 대견하고 감사하다.

"언제 어디서나 사랑을 주고받는 아름다움을
잊지 않는 어른으로 자라기를 바라. 사랑해."

지금부터야, 우리의 이야기

42

나 믿기

⊕ 나 믿기의 절친들 : 자존감, 자신감

나 믿기, 지금 내가 반짝이지 않아도 나는 사라지지 않는다는 사실을
아는 것. '나'라는 존재는 누구도 흉내 낼 수 없는 고유한 존재니까.
"내 속에 있는 큰 힘들을 발견하고 나부터 나를 응원하자!"

아이들 마음속 보석 : 지금의 내가 과거의 나에게

- 지금 친구가 없다고 속상해 하지 마. 나중엔 친구가 정말
  많아질 거야.
- 일기는 꼭 써. 일기장이 아주 소중한 물건이 될 테니까.
- 너 나중에 검은띠 딸 거야. 태권도 하기 힘들어도 조금만
  참아.
- 너무 공부만 하지 말고 친구들과도 시간을 보내면 좋겠어.
- 노력해 줘서 고마워. 네 덕분에 지금의 내가 있어.
- 좀 못해도 괜찮더라.
- 너무 많은 생각을 하지 마.

각자의 장점을 충분히 갖고 있는 아이들이 자신을 믿지 못하고
자존감 없는 모습을 보일 때면 마음이 아프다.
"저는 아무것도 아닌 것 같아요.""저는 잘하는 게 없어요."
이런 고민을 가지고 올 때면 이렇게 말해 주곤 한다.
아침에 달과 별이 보이지 않는다고 해서 사라진 건 아니라는 것.
밤이 되어야 비로소 반짝이는 달과 별이 보이는 거라고.

아이들은 학년이 올라갈수록 자신의 장점을 보지 못하고
자존감을 잃어가는 모습을 보인다. 그럴 땐 과거의 자신을
떠올려 보게 한다. 어린 시절 미숙했던 모습을 떠올리면 지금
조금 더 나아진 모습을 발견할 수 있다.

"다른 사람에게 인정받는 것보다 자기 안에 무엇이 들었는지
발견하는 게 훨씬 중요해. 지금 당장 성과를 내지 못하는 것
같아도 조급해 하거나 주눅들 거 없어. 너희가 빛나는 순간이
분명히 올 거야. 그때까지 스스로를 믿고 단단하게 서 있으면
돼. 그걸로 충분해."

43

여유

⊕ 여유의 절친 : 쉼

여유, 메말라서 거칠어진 마음에 내리는 단비 같은 마음.
너무 화가 날 때는 곧바로 화를 내는 것이 아니라 마음속으로
하나, 둘, 셋을 세고 내 마음을 가라앉혀 보는 것. 바쁜 일상 속에서
잠시 나를 쉬게 하는 일이자 나를 좀 더 유연하게 만드는 힘.

아이들 마음속 보석

♦ 저녁에 강아지랑 공원 산책하면서 바람 쐬기

♦ 다른 사람 말 끊지 않고 일단 끝까지 들어주기

♦ 쉬는 시간에는 하던 거 멈추고 친구들이랑
  이야기도 하고 물 한 잔 마시기

♦ 화분에 심은 씨앗에게는 시간이 충분히 필요할
  테니 천천히 새싹이 나올 때까지 기다리기

♦ 다른 사람과 비교하지 말고 나는 나만의 속도로
  계획한 일을 천천히 하는 것

특별한 일 없이 하루하루 보내다 보면
소위 매너리즘에 빠질 때가 있다.
그럴 때는 의지적으로 마음에 여유를 가져볼 필요가 있다.
아이들도 가끔은 자기도 모르게 여유를 잃고 하루를 보낼 때가
있을 것 같아 함께 '여유'라는 마음속 보석을 챙겨 보았다.

마음에 여유가 생기면 평소에 보이지 않던 많은 것들이
눈에 들어오는 신기한 경험을 할 수 있다.

다른 사람들의 장점도 보이고, 새롭게 하고 싶은 것들도 생기고,
작은 걱정거리는 쉽게 날려버릴 수도 있다.

"그러니까 우리, 조급하거나 짜증나거나 바쁠수록
그 순간에 잠시 쉼표를 하나 찍어서 숨 좀 돌리고
여유를 가지는 연습을 해 볼까?"

지금부터야, 우리의 이야기

44

표현하기

⊕ 표현하기의 절친들 : 다가가기, 용기

표현하기, 사랑할 때 꼭 해야 하는 것.

하지 않으면 상대방이 알 수 없는 것.

생각만 하지 말고 말이나 행동으로 보여야 감동이 더 커지는 것.

"따뜻하고 말랑말랑한 표현으로 우리 사이는 더 따뜻해져."

아이들 마음속 보석 : 아무리 들어도 밀리지 않는 표현

- ♦ 사랑해
- ♦ 좋아해
- ♦ 치킨 먹을래?
- ♦ 고마워
- ♦ 미안해
- ♦ 응원해
- ♦ 보고 싶어

- ♦ 오늘 멋지다
- ♦ 같이 할래?
- ♦ 넌 정말 좋은
  사람이야
- ♦ 최고다!
- ♦ 대단해
- ♦ 친해지고 싶어

'지금 이 순간이 내 생의 마지막 순간이라면 무엇을 하고
싶을까?'라는 물음에
아이들 대부분이 가족이나 친구들에게 고마움과 사랑을
표현하고 싶다고 답했다.
나도 같은 생각이다.

우리는 어쩌면 말하지 않아도 다 알 거라고 생각해서,
또는 쑥스러워서 사랑과 고마움, 존경, 미안함 등을
잘 표현하지 못하며 살아간다.
하지만 마음의 소리는 밖으로 나가지 않기 때문에
소리 내어, 용기 내어 말하지 않으면 아무도 내 마음을
알 수 없다.

"우리 교실에서는 지금부터 당장 이야기하고 표현하자!
말로 못하겠다면 편지도 좋고 미소도 좋고, 따뜻한 눈인사나
포옹도 좋아!"

45

휴식

⊕ 휴식의 절친들 : 쉼, 충전, 여유

휴식, 무리하지 않고 잠시라도 편안한 상태로 꼭 쉬는 것.
시간 낭비가 아니라 나를 위해 꼭 필요한 시간.
내 몸과 마음이 지치지 않았는지, 내가 지금 어떤 상태인지 관심을
가지는 것.

아이들 마음속 보석 : 나의 진정한 휴식

♦ 스마트폰, 텔레비전 많이 보지 않고 전자파로부터
  해방되기
♦ 따뜻한 물로 목욕하고 푹 자기
♦ 아무것도 안 하고 멍 때리기
♦ 무리하게 욕심부리지 않기
♦ 밤새우지 않기
♦ 불량식품 먹지 않기
♦ 내 마음이 언제 가장 편한지 생각해 보기

이네의 교실 ◈

온종일 기분이 안 좋거나 의욕이 생기지 않는 날이 있다.
무기력하고 아무것도 하기 싫은 그런 날.
그럴 때는 '나에게 쉬는 시간이 필요한 건 아닐까?'라고 질문을
해 본다.
그리고 몸과 마음을 온전히 챙기며 푹 쉬는 날을 만든다.
무엇을 하든 진정한 휴식을 누린 다음에야 다시 생기는 힘으로
앞으로 나아갈 수 있는 거니까.
아이들과 이렇게 다짐해 본다.

"오늘 우리가 생각해 본 진정한 휴식을
실천하면서 몸과 마음에 새 힘을 충전해 보자!"

지금부터야, 우리의 이야기

46

단순함

⊕ 단순함의 절친들 : 정리, 시간 절약

단순함, 불필요한 부분은 덜어내고 꼭 필요하고 중요하다고 여기는
부분에 더 신경 쓰는 것.

아이들 마음속 보석 : 나에게 가치 있는 것

- ◆ 매일 갖는 가족과의 대화 시간
- ◆ 꼭 필요한 물건만 구입하는 습관
- ◆ 환경을 파괴하지 않는 행동
- ◆ 스트레스 적게 받기
- ◆ 작아도 깨끗하고 정돈이 잘 된 집
- ◆ 건강한 몸과 체력
- ◆ 매일 책 읽고 생각하는 생활
- ◆ 땀 흘려 운동하기

단순한 생각, 단순한 공간은 편안함을 준다.
다양한 분야의 정보와 광고가 넘쳐나는 시대라 자칫 방심하면
나에게 필요하지 않은 정보를 받아들이고, 소비를 하게 된다.
그러다 보니 내가 가진 것들로 나를 설명하는 데 열심을 내는
사람들도 생겨난다.

정말 중요한 게 뭘까? 물건보다는 내가 중요하게 여기는 마음과
가치일 것이다. 유행 따라 옷을 사면 옷장이 복잡해지고,
너무 많은 음식을 먹으면 건강을 해친다. 단순하게 나에게
필요한 것들을 추려 소비하는 일은 정말 중요하다.

마음도 마찬가지다. 너무 복잡해지면 스트레스가 되어
돌아온다. 그러면 정말 중요한 것에 마음을 쏟기 어렵다.
마음에도 단순함이 필요하다.

"오늘 우리가 생각한 '나에게 가치 있는 것'을 늘 기억하면서
단순하고 아름다운 삶을 꾸려가 보자."

47

평온

⊕ 평온의 절친 : 여유

평온, 충동적인 감정에 휩쓸리지 않고 나중에 후회하지 않도록
충분히 생각하는 것.
바꿀 수 없는 것은 그대로 두고 너무 애쓰지 않는 것.

아이들 마음속 보석

♦ 내일 일은 제발 내일 생각하기

♦ 긍정적인 생각하기

♦ 모든 걸 완벽하게 하려고 하지 말기

♦ 포기할 건 과감하게 포기하기

♦ 집착하지 않기

♦ 미워하지 않기

♦ 적당히 먹고 적당히 운동하고 적당히 자기

평온한 상태를 유지하는 데에는 부단한 훈련이 필요하다.
다양한 상황과 함께 찾아와 우리 마음을 두드리는
감정으로 인해 화가 치밀어 오르기도 하고
급격히 우울해지는 순간도 있다.
감정기복이 심하면 스스로에게도 상처를 입히고
주위 사람에게도 상처를 주게 된다.

그러니까 우리에게는 평온을 찾는 나만의 루틴 같은 게
필요하다.
매일 열심히 살기 위해, 앞으로 나아가기 위해
온몸에 힘을 주고 긴장의 끈을 놓지 않다가도 평온함이 필요한
순간에 찾을 수 있는 행동이나 습관 말이다.

그 첫걸음을 아이들과 내딛어 보았다.
평온을 찾기 위해 우리가 기억해야 하는 것들을 적다 보니
벌써 마음에 평온이 깃드는 것 같다.

이 노래에는 제2차 세계대전에서 죽은 병사들의 영혼이 하얀 학이
되어서 돌아온다는 이야기가 담겨 있대요. 친구들과 함께 전쟁에
참여했다가 혼자 돌아오게 된 사람이 날아가는 학들을 보며 친구들
같다고 여겼나 봐요. 옛날에 유명했던 드라마인 모래시계에도
ost로 나왔었대요. 친구들과 같이 듣고 싶어서 신청합니다.

신청곡 : 백학(The Bolshoui Chorus)
보내는 이 : 유닝

무언가를 포기하고 싶을 때 다시 시작하는 마음으로 이 노래를
들어 보면 어떨까요? 힘들 때 이 노래를 들으면 저는 힘이 나는 것
같아요. 특히 저는 그림을 그리면서 이 노래를 자주 듣는데 그럴
때마다 기분이 정말 좋아져요.

신청곡 : 시작(가호)
보내는 이 : 귤

제가 자주 가는 단골 과일 가게가 있어요. 단골이라서 서비스를
많이 주셔서 참 감사한 곳이에요. 그 날도 과일을 사러 과일 가게에
들렀는데 주인 아주머니가 강아지와 함께 계셨어요. 강아지의
이름을 물었더니 보미라고 했어요.

"이 강아지 사람 물어요?"라고 했더니 절대 안 문다고 하시며
가까이 와 보라고 하셨어요. 그래서 '설마 물겠어?'라는 생각에
강아지에게 가까이 갔는데 으악! 강아지가 엄청 짖으며
쫓아왔어요. 강아지가 쫓아올 때 함께 뛰면 안 된다고 들었지만
너무 무서워서 소리를 지르면서 뛰어갔어요. 그런데 강아지가
저보다 더 빨랐어요. 흑흑.

그때 주인 아주머니가 강아지를 부르자 강아지가 멈춰 섰어요.
달리다가 들고 있던 아이스크림도 떨어뜨렸어요. 너무 무서운
경험이었어요. 여러분도 이런 경험이 있나요?

신청곡 : 빨간맛(레드벨벳)
보내는 이 : 소녀

지금부터야, 우리의 이야기

거울이의 말

9월

아침 공기가 제법 선선해진 2학기야.

더 근사해진 너희의 모습을 좀 봐!

너희는 너희가 알고 있는 것보다 훨씬

사랑스럽고, 용감하고, 지혜로운 사람들이야.

– 우리 반 거울이가

겨울방학

반짝이는 우리 반의 포근한 겨울방학 숙제

- ♥ 남과 비교하지 말고 나만의 속도로 최선을 다하기
- ♥ 나만의 취미 만들기
- ♥ 가족들과 귤 까먹으면서 이야기하기
- ♥ 눈 오는 날 눈사람 만들러 나가기
- ♥ 내 마음대로 춤추고 노래하며 스트레스 풀기
- ♥ 내 마음이 괜찮은지 매일 물어봐 주고 토닥토닥 해주기
- ♥ 사랑하는 사람들과 붕어빵 나눠먹기
- ♥ 매일 거울 보고 스스로에게 이렇게 말하기

"넌 정말 소중한 사람이야.
매일 조금씩 자라고 있으니 잘하고 있는 거야."

PART. 4
언제나 따뜻한

48

양심

⊕ 양심의 절친들 : 마음의 소리, 바른 생활

양심, '나 하나쯤이야'라는 생각을 물리치는 마음의 목소리.
아이스크림 사고 거스름돈을 더 많이 받았을 때 바로 돌려주는 것.
아무 데나 쓰레기를 버리지 않는 것.

아이들 마음속 보석

♦ 피구할 때 맞았으면서 안 맞았다고 우기지 않는 것

♦ 내가 어지럽힌 방 정리를 동생에게 시키지 않는 것

♦ 숙제를 안 해놓고 했다고 거짓말하지 않는 것

♦ 횡단보도 앞에서 빨간불이 들어왔을 때
   건너지 않는 것

♦ 동물 사진을 찍을 때 플래시를 터뜨리지 않는 것

♦ 반려동물이 마음에 안 든다고 버리지 않는 것

♦ 꽃을 함부로 꺾지 않는 것

우리 반 멋쟁이 남학생이
아침에 문방구에서 있었던 이야기를 들려줬다.
아이스크림을 두 개 샀는데 주인 아저씨가
거스름돈을 400원 더 주셔서 얼른 가서 돌려드렸다고 했다.
기특하고 예뻐서 우리 반 아이들에게 그 이야기를 해 주었다.
아이들이 생각하는 양심, 그 내용들이 참 곱다.
다 같이 실천하면 더 커지는 맑고 바른 마음속 목소리.

특히 동물, 자연과 관련된 내용이 많아서 참 기특하다.
잠깐의 옳지 못한 생각이 우리를 유혹할 수도 있지만,
오늘 우리가 이야기 나눈 바른 양심에 대한 신념으로
곧게 살아가는 우리 반이 되었으면 좋겠다.

언제나 따뜻한

49

사춘기

⊕ 사춘기의 절친 : 좌충우돌 하는 시기

사춘기, 소리 없이 갑자기 우리에게 찾아오는 하나의 이벤트!
하루에도 몇 번씩 즐겁다가 짜증이 나다가… 기분이 왔다갔다 하지만
이상한 것이 아니야.
힘들지만 사랑하는 '나'를 찾아가는 귀한 시간이지.

아이들 마음속 보석 : 우리에게 찾아온 사춘기라는 시간

+ 이유 없이 화가 나기도 하는 시기
+ 사랑하는 부모님과 말이 안 통한다고
  느껴질 때가 있는 시기
+ 이성에게 관심이 생기는 시기
+ 괜히 어른들에게 말대꾸하게 되는 시기
+ 스스로에게 자신감이 사라지기도 하는 시기
+ 방문을 닫고 혼자 있고 싶은 시간이 많아지는 시기
+ 변화하는 모습이 낯설 때가 있는 시기

저마다 속도는 조금씩 다르지만 아이들 인생의 큰 이벤트인
사춘기가 찾아오고 있는 요즘.
어른들이 무조건 아이들을 다그치기보다는
아이들만의 시간을 존중하고, 잘 들어 주고 기다려 주는 것이
참 중요하다는 것을 느낀다.

아이들의 이야기를 들어 보니, 나 역시 한때 거쳤던
그 질풍노도의 시기가 맞구나! 싶다. 그럴 땐 서로가 서로를
잘 아는 우리끼리 더 잘 들어 주고 위로해 줘야 한다. 토닥토닥.
나도 잔소리는 조금 줄이고, 고민은 더 들어 주자고
마음먹어 본다.
좀 더 여유 있는 마음으로 믿고 기다려 주다 보면
잘 지나갈 거라고 믿는다.
우리의 혼란스럽지만 찬란한 사춘기.

언제나 따뜻한

50

정돈

⊕ 정돈의 절친들 : 정리, 가지런함

정돈, 흐트러진 책상에 있는 물건들을 제자리에 가져다 놓고
정리해서 마음을 개운하게 하는 것.
내 마음을 어지럽게 해서 괴롭히는 것들을 청소해서 편안하게
만드는 것. 뭔가를 새롭게 시작하려면 꼭 필요한 것.

아이들 마음속 보석

♦ 아침에 일어나서 내 이부자리를 정리하는 것

♦ 외출 후 돌아와서 옷을 아무 데나 벗어놓지 않고 깔끔하게
  옷걸이에 거는 것

♦ 신발장에 신발을 가지런히 넣는 것

♦ 사물함에 있는 물건 분류해서 넣는 것

♦ 마음속에 있는 쓸데없는 걱정 버리기

♦ 다 잘하려는 마음이 나를 괴롭히니까 너무 욕심내지 말기

♦ 물건들을 필요할 때 바로 찾을 수 있는 곳에 두기

매일 방 청소를 하면서 정리 정돈을 하고 나서 드는 느낌이
정말 좋다. 상쾌하고 개운한 그런 기분!
차곡차곡 정리된 물건들과 깔끔해진 방에서는
책도 읽고 싶어지고, 음악도 듣고 싶어지고 글도 쓰고 싶어진다.
불필요한 것들은 버리고, 물건들을 가지런히 정리하는 건
새로운 시작을 위해서 꼭 필요한 일이 아닐까?

주변을 정돈하는 것만큼 마음을 정리하는 것도 중요하다.
아이들이 자신도 모르게 마음이 어지럽혀져 있지는 않은지
돌아볼 수 있으면 좋겠다는 생각에 '정돈'에 대해
나누어 보았다.
불필요한 생각과 고민, 쓸데없는 걱정, 너무 많은 욕심과 계획,
해야 할 것들…. 이런 마음은 주기적으로 정돈해 줄
필요가 있다. 그래야 내가 정말 뭘 원하는지, 내가 느끼는
감정이 무엇인지 바로 알아차릴 수 있으니까.

"얘들아, 너희 주위를 정돈하고 마음도 정돈해서
개운한 하루를 시작해 보자!"

언제나 따뜻한

51

설렘

⊕ 설렘의 절친들 : 기다림, 행복, 기대

설렘, 기다려지는 일이 있는 것.
기다리는 동안 가슴이 콩닥콩닥 두근두근 즐겁고 행복한 것.
기다리는 시간마저 이렇게 달콤할 수 있다니!

아이들 마음속 보석 : 설레는 순간!

- ♦ 치킨을 시켜 놓고 기다리는 시간
- ♦ 첫눈
- ♦ 하루를 시작할 때 느끼는 감정
- ♦ 좋아하는 사람을 만나러 갈 때 드는 기분
- ♦ 택배가 오는 날을 기다릴 때
- ♦ 다음 날 나올 웹툰
- ♦ 새로운 것에 도전할 때 드는 마음
- ♦ 점심시간
- ♦ 크리스마스

"선생님도 오늘 택배가 오는 날이라 종일 설레서
집에 얼른 가고 싶어!"
"맞아, 맞아." 하며 공감하고 같이 웃고 이야기하며 함께
무언가를 기다리며 같이 설레는 시간을 보냈다.

아이들을 처음 만나던 3월의 그날 아침, 우리 반 아이들을
기다리면서 정말 설렜다. 그리고 아침마다 하루하루 성장하는
아이들을 볼 수 있는 이 교실에 들어올 때마다
여전히 설렌다!
우리가 함께 느낄 날씨와 공기, 우리가 나눌 이야기들,
아이들의 표정, 행동, 말. 우리 반의 모든 것이 나를 설레게 한다.

나중에 이 아이들이 어른이 돼서 다 같이 만나게 될 날도
정말 기다려진다. 다들 어떤 모습일까?

언제나 따뜻한

52

유머

⊕ 유머의 절친들 : 재미, 여유

유머, 친구가 "넌 귤이랑 감 중에 어떤 게 좋아?" 라고 물을 때,
"난 네가 좋아" 라고 답하며 친구를 보고 웃는 것.
사람들을 웃게 만드는 것.

아이들 마음속 보석

♦ 피구할 때 머리에 공 맞고 나서 "내 헤딩 어때?"
라고 말한 것

♦ 분위기가 어색할 때 사람들을 편안하게 해 주는 말

♦ 피구를 하다가 내가 공에 맞고 우는 척을 하다가
"속았지롱" 하면서 웃어서 친구들도 같이 웃은 것

♦ 영어 선생님이 "What day is it today?" 라고 물었을
때 "Today is 좋은 데이!" 라고 말해서 선생님과
친구들이 하하하 웃은 것

재미있는 말이나 행동이 사람에게 가져다주는
기분 좋은 에너지는 정말 크다!
작은 언행에도 시선이 집중되는 교실에서는 더더욱.
아침 인사 시간에 자주 유머를 섞어서 말을 시작하려고 하는데,
그렇게 활짝 웃으며 아침을 시작하면 모두가 좀 더 긍정적이고
밝은 마음으로 하루를 시작하게 된다.

가끔 지루하거나 항상 같은 일상 속에서 툭 던지는 유머는 알게
모르게 우리에게 활력을 준다.
매번 큰 웃음을 선사해 주는 우리 반의 유머러스한 친구들에게
참 감사하다.

"선생님한테 개그 욕심 많다고 하지만
너희도 재밌어 하는 걸 알고 있어.(아닌가?)"

언제나 따뜻한

53

함께하기

⊕ 함께하기의 절친들 : 협동, 소통, 도움

함께하기, 남극의 펭귄들이 눈보라를 이겨내기 위해
허들링*을 하면서 서로 체온을 나누는 것.
혼자서 하면 어려운 것들이 조금씩조금씩 가능해지는 것.

아이들 마음속 보석

♦ 기쁜 일을 친구들과 같이 이야기하면 기쁨이 배가
되는 것

♦ 맛있는 것을 함께 먹으면 더 맛있는 것

♦ 혼자서 하면 감당하기 어려운 일을 같이 하면
해결책을 더 빨리 찾을 수 있는 것

♦ 협동화를 그리면 혼자 했을 때보다 뿌듯함이 더 큰 것

♦ 무서운 영화를 볼 때 같이 있으면 조금 덜 무서운 것

---

* 펭귄들이 추위를 극복하기 위해 밖에서 안으로, 안에서 밖으로 돌면서 서로의 체온을 지켜 주는 행동

이네의 교실 ◈

오늘 펭귄들이 허들링 하는 모습을 열심히 보던 아이들은
동그래진 눈으로 여태 잘 몰랐던 펭귄이 좋아졌다고 했다.
옹기종기 모여서 체온을 나누는 펭귄들이 너희와 비슷하다고
말해 주니, 아이들은 곰곰이 생각하기 시작했다.
그리고 함께한다는 것의 의미에 대해
여러 가지 이야기를 나누었다.
함께하는 것의 뭉클하고 감동적인 마음을 느껴 본
시간이 있었다.

교실에서 다 같이 지내면서 가끔 부딪힐 때도 있지만,
함께해서 더 즐거울 때가 많고 함께라서 해낼 수 있는 것이
참 많다.

"'함께' 그리고 '같이'라는 단어는 참 따뜻하고 좋은 것 같아.
우리가 이 교실에서 함께 지낼 수 있다는 것은 감사한 일이야.
펭귄들처럼 어려운 일이 있을 때는 서로 더 의지하고
다독이면서 우리 함께하자!"

54

질서2

⊕ 질서의 절친들 : 규칙, 안전

질서, 에스컬레이터에서 손잡이를 잡고 뛰지 않는 것.
사람이 많이 모여 있어도 안전한 세상을 만들기 위해서 모두가
지켜야 하는 것.

아이들 마음속 보석

♦ 지하철이나 버스에서 먼저 내리겠다고 앞사람
  밀지 않는 것

♦ 음식점 안에서 시끄럽게 뛰어 다니지 않는 것

♦ 영화관에서는 휴대전화를 끄고, 떠들지 않는 것

♦ 복도에서 큰 소리로 떠들거나 뛰어다니지 않는 것

♦ 다 같이 쓰는 화장실을 사용할 때는 다음 사람을
  위해서 깨끗하게 사용하는 것

♦ 모두를 위해서 당연히 지켜야 하는 것

이네의 교실 ⊕

특히 체험 학습 가기 전날에는 꼭 다시 한 번
생각해 보고 다짐하는 보석, '질서'

"나뿐만 아니라 모두의 안전과 편의를 위해서
책임감을 가지고 질서를 꼭 지켜야겠지?
질서를 지킨다는 건 서로를 배려하고 존중하는 마음에서
시작되는 거야."

55

내 마음 이해하기

⊕ 내 마음 이해하기의 절친들 : 인정, 포용

내 마음 이해하기, 자신의 감정을 자세히 들여다보고 자연스럽게
받아들이는 것.
"슬퍼해도 괜찮아. 너무 지칠 땐 힘내지 않아도 되고 울어도 돼.
하지만 그럴 때마다 너를 걱정하고 위로해 줄 우리가 곁에 있다는 걸
잊지 마!"

아이들 마음속 보석

: 영화 <인사이드 아웃>의 기쁨이 머리 색깔은 왜 슬픔이 머리 색깔과 같을까?

♦ 슬픔을 느낄 수 있어야 그것을 극복하고
기쁨을 느낄 수 있으니까.

♦ 진짜 슬퍼할 줄 아는 사람이 기쁨의 가치를
알 수 있으니까.

♦ 슬픔 → 공감과 위로 → 기쁨 → 진정한 행복 =
내가 생각하는 슬픔의 연결고리

♦ 행복은 기쁜 기억만으로 이루어지는 게 아니니까.

1년 365일 긍정적이고 기쁜 마음으로 살 수 있는 사람은
어디에도 없다. 힘들고 고달프고 슬플 땐 쉬어가도 된다는
걸 아이들에게 알려 주고 싶었다. 기쁨이든 슬픔이든 매 순간
우리가 느끼는 감정들은 모두 소중하니까.
그런 감정들이 모여 우리의 시간을 채우고, 기억으로 남아
삶을 이루는 거니까.

앞으로 아이들이 인생을 살아가다 보면 슬픈 순간,
힘든 순간도 반드시 오겠지만 그런 순간에도 늘 옆에 가족과
친구들, 선생님처럼 자신을 사랑하고 아끼는 사람이 있다는 걸
알았으면 좋겠다. 그 사실을 알려 줄 수만 있다면 백 번이고
천 번이고 말해서 생각나게 해 주고 싶다.

"선생님은 너희가 슬픔을 느낄 줄 아는,
슬픔을 극복하고 다시 웃을 줄 아는 사람으로 커가기를 바라.
오늘 하루도 너희의 열두 살 기억 구슬로 마음속에 보관되어
오래오래 반짝이길…."

오늘의 놀이

👍 감정 빙고

① 16칸(4x4) 정도의 빙고판을 만들어 그 안에 일주일 동안 내가
　느낀 감정들을 적는다.(슬프고 속상했던 감정, 우울했던
　감정도 나쁜 것이 아니라는 걸 사전에 말해 준다.)
② 돌아가면서 감정을 하나씩 이야기하면서 빙고 게임을
　진행한다. 언제, 왜 그런 감정을 느꼈는지 간단하게
　이야기한다.
③ 게임이 끝났는데도 아직 말하지 못한 감정들을 모아
　그 감정들에 대해서도 이야기해 본다.

감정 이해하기와 관련된 활동을 하다 보면 아이들의 말이나
행동에 변화가 찾아온다. 스스로의 감정과 주변 사람들의
감정을 들여다 볼 줄 알게 되고, 안으로 감정을 숨기는 빈도가
낮아져 마음 건강에 좋다.
좋지 않은 감정이 들 땐 그 감정을 직면하여 들여다보고 충분히
공감한 다음 그것을 떨쳐내야 앞으로 나아갈 수 있다.
우리 모두 건강하게 자신의 감정을 돌보고 다른 사람의
감정에도 공감할 줄 아는 사람으로, 더불어 살아가는 세상의
아름다움을 아는 사람으로 살아가길 바란다.

💬 아이들이 느낀 감정

★ 행복 : 가족이 다 함께 모여 맛있는 걸 먹으면서 이야기할 때
　　　　행복했다.

★ 기쁨 : 피구 경기에서 우리 반이 이겼을 때 기뻤다.

★ 놀람 : 엄마가 생각지 못하게 화를 내셨을 때 놀랐다. 그래서
　　　　놀랐다고 말씀드렸더니 미안하다고 하셨다.

★ 미안 : 동생이 내 장난감을 갖고 놀았다고 화를 냈다가 갑자기
　　　　미안해졌다. 화낼 일이 아닌데 화를 냈다는 생각에….

★ 슬픔 : 할머니가 돌아가셨을 때 너무 슬펐지만 내가 울면
　　　　엄마가 더 슬퍼하실 것 같아서 조금만 울었다.

★ 절망 : 지난번 시험에서 틀린 문제가 많아 절망했지만 다시
　　　　마음을 잡고 왜 틀렸는지 풀어 보았다.

★ 짜증 : 엄마가 자꾸 귀찮게 이것저것 물어 봐서 짜증을 냈다.
　　　　지금 생각해 보니 죄송하다.

★ 설렘 : 주말에 이모가 온다고 해서 너무 설렜다.

56

정성

⊕ 정성의 절친들 : 최선, 신중

정성, 아침에 세수할 때 나의 소중한 얼굴에 있는
눈곱을 잘 떼고 이도 깨끗이 닦는 것.
건성으로 대충 하지 않는 것.
글짓기 숙제를 할 때 여러 번 고쳐 써 보는 것.

아이들 마음속 보석

- ♦ 친구와의 약속 시간에 늦지 않게 나가서 친구를
  기다리게 하지 않는 것
- ♦ 귀찮을 수도 있지만 부족한 1%를 채울 수 있는
  좋은 방법
- ♦ 잘 차려진 밥상에서 느껴지는 것
- ♦ 미술 시간에 나의 작품을 만들 때 최선을 다하는 것
- ♦ 남의 말을 끝까지 듣고 경청하는 것
- ♦ 교과서에 글씨를 반듯하게 쓰는 것

추운 겨울 아침, 이불 속에서 나오기 싫었을 텐데
눈곱도 잘 떼고, 머리도 단정하게 빗고, 학교에 올 준비를 했을
아이들의 모습을 생각하니 대견한 마음이 들었다.
아침에 일어나서 정성껏 나를 보살피는 일부터 학교 일과도,
친구들과의 관계도 정성 들여 잘 가꾸고 있는 아이들이
참 기특하다.

나도 아이들의 작은 행동 하나하나 정성들여 살펴보고
많이 칭찬하려고 노력해야겠다.

다른 사람들의 마음을 정성스럽게 이해하려고 노력하는 태도,
다른 사람들의 시간도 진심으로 소중하게 여기는 마음을
아이들로부터 배운 하루.

57

보람

⊕ 보람의 절친들 : 노력, 기쁨

보람, 일 년 동안 열심히 쓴 배움 공책들을 보고 느끼는 기분.

누가 뭐라 해도 나름대로 최선을 다했던 올해의 나를 칭찬하는 마음.

"수고했어, 얘들아! 메리 크리스마스!"

아이들 마음속 보석 : 내가 보람을 느끼는 순간

♦ 가족들에게 사랑한다는 말을 들을 때

♦ 친구에게 고맙다는 말을 들을 때

♦ 선생님께 칭찬을 받을 때

♦ 발표 실력이 많이 늘었다는 것을 스스로 느낄 때

♦ 다른 사람을 도와줄 때

♦ 강아지가 아플 때 열심히 보살펴 주었더니 다 나았을 때

♦ 친구가 준비물 안 가지고 와서 빌려 줄 때

12월 끝자락이 되니 빼곡하게 적은 배움 공책도
벌써 네 권 정도가 차곡차곡 모였다.
공책 한 권을 처음부터 끝까지 썼다는 게 신기하다는 아이들도
있고, 많이 구겨졌지만 그만큼 많이 넘겨 본 흔적들이니까
더 정이 간다는 아이도 있다.
어디 열심히 넘겨 본 교과서와 공책뿐일까.
아이들 스스로 성찰하고 발전해 온 시간들과 서로 부대끼며
쌓아 온 시간들이 모여 어느덧 코끝 시린 겨울이 되었지만
마음은 보람차고 훈훈하다.
보람되고 뿌듯한 마음이 가득한 학기 말.
"정말 고생했어 우리 반."

나름대로 열심히 노력했던 점들을 찾아내어
한 명 한 명 칭찬해 주는 시간을 갖고,
일 년이 언제 이렇게 흘렀나 싶어 괜히 눈시울이 붉어져서
혼났던 오늘.
언말엔 아이들이 그 누구보다 스스로를 칭찬해 주고
뿌듯해 하면 좋겠다.
바르고 사려 깊고 성실하게 학교생활을 해 온
아이들이 스스로를 마음껏 칭찬할 수 있기를….

58

존중

⊕ 존중의 절친들 : 예의, 배려

존중, 친구의 일기장을 허락 없이 보지 않는 것.
이야기를 나눌 때 눈을 쳐다보고 말하는 것. 신체검사하는 날, 친구의
키와 몸무게를 가지고 놀리거나 수군거리지 않는 것.
우리 모두의 모습을 있는 그대로 소중하다고 생각하는 마음.

아이들 마음속 보석

♦ 친구의 물건을 허락 없이 가져가서 쓰지 않는 것

♦ 내가 상대방에게 해 줘야 나도 받을 수 있는 것

♦ 친구가 싫어하는 별명으로 부르지 않는 것

♦ 아래층을 생각해서 집에서는 발소리 작게 내기

♦ 나 스스로를 누구와 비교해서 슬퍼하지 않는 것

♦ 상대방에게 이야기할 때 상처를 주지 않도록
   친절하게 말하는 것

♦ 친구들이랑 이야기할 때 핸드폰을 자꾸 쳐다보지 않는 것

신체검사하던 날, 몸무게를 조금이라도 줄여 보려고
아침도 굶고 등교한 아이도 있었다.
'친구의 키나 몸무게를 가지고 놀리는 일은 없겠지?'

오늘 다른 사람과 나의 차이를 받아들일 줄 아는 마음인
'존중'에 대해 배운 우리는 좀 더 서로를 이해하고 소중하게
생각할 수 있게 된 것 같다. 내가 소중한 만큼 다른 사람도
똑같이 소중하니까!

함부로 다른 사람의 영역을 침범하지 않고, 마음을 표현할 때도
둥글고 따뜻한 말투로 상대방을 존중하는 교실은
어떤 모습일까?

"요즘 사람들이 너무 아무렇지 않게 쓰는 혐오 표현들은
모두 사라지겠지? 그리고 모두가 나만의 색깔로 개성을
뽐낼 수 있어 자유롭고, 서로를 소중하게 대하기 때문에
아무도 처벌받지 않을 기야. 그렇게 모두 평등하고
마음이 편안한 교실을 만들어 보자!"

언제나 따뜻한

59

감동

⊕ 감동의 절친들 : 설렘, 감사

작은 일이든 큰일이든 우리의 기분을 신선하게 만들고
생활에 활력을 불러일으키는 것.
일상을 지루하지 않게 하는 황홀한 느낌.

아이들 마음속 보석

♦ 내가 현관문 비밀번호를 누르는 소리가 날 때부터 우리집
  강아지가 미리 기다렸다가 나를 반겨 주는 것

♦ 선생님이 적어 주시는 시를 읽고 코끝이 찡해지는 것

♦ 부모님께 어버이날 편지를 써드렸는데 부모님이 눈물을
  글썽이면서 나를 안아 주신 것

♦ 일 년 동안 열심히 공부하면서 사용한 공책을 쭉 넘겨볼 때
  느껴지는 마음

♦ 아침에 동이 트는 것을 볼 때

♦ 정말 맛있는 음식을 먹어서 행복했을 때

매일 일기를 쓰는 가장 큰 이유는
감동적인 순간의 기억을 오래오래 보관하기 위해서다.
시간이 지나 내가 남긴 기록을 들춰 보면
잊은 줄만 알고 있었던 그때의 생각과 감동을
다시 생생하게 느낄 수 있다.
감동적인 순간이 주는 기쁨이나 눈물의 힘은 결코 작지 않다.
지금까지 기억 속에 남아 에너지를 주기도 하고
잊고 있던 깨달음을 주기도 하니까.

감동이 없는 인생은 얼마나 지루할까?
그런 의미에서 아이들과 우리 주위에서 느낄 수 있는
소소한 감동 포인트를 찾아 보았다.

'내가 가진 것에 감사하는 소소한 일상을
감동으로 연결시킬 수 있는 우리 반이 되길.
많은 사람에게 감동으로 다가갈 수 있는 사람이 되길 바란다.'

60

우정

⊕ 우정의 절친들 : 도움, 너그러움

우정, 친구가 지우개를 잃어버리면 함께 찾아 주는 것.
그러다 못 찾으면 내 지우개를 반으로 잘라 줄 수 있는 마음.

아이들 마음속 보석

- ◆ 친구가 비 오는 날 우산을 안 들고 왔을 때 같이 쓰는 것
- ◆ 친구가 곤란한 일이 생겼을 때 위로해 주고
  도와줄 수 있는 마음
- ◆ 별거 아닌 일이라도 서로 도와주고 걱정해 주는 것
  그러다 깊어지는 것
- ◆ 중요한 순간에 친구가 실수를 해도 이해하고
  격려할 수 있는 마음
- ◆ 친구에게 어려운 상황이 왔을 때 관심을 갖고
  같이 해결해 주는 것
- ◆ 친구가 나에게 실수를 했을 때 괜찮다고 용서해 주는 마음

선명하게 기억나는 나의 어릴 적 따뜻한 추억을
꺼내면서 시작된 이야기 시간.

시험을 치는 날 아침, 갑자기 지우개가 사라져서
당황한 나와 함께 지우개를 찾아 주다가 결국 찾지 못하자
지우개를 반으로 잘라서 던져 주고는 "시험 잘 쳐!"라고
말하던 내 단짝 친구에 대한 이야기였다.

아이들은 "우와 진짜요?" 하며 선생님의 어린 시절
이야기를 신기해 하는 눈치였다.

한창 친구들과의 관계에 관심이 많은 때라서 그런지
우정에 대해 제법 진지하게 생각하는 것 같다.
느리더라도 점점 깊어지는 우정을 갖게 된다면,
어린 시절 추억의 한 페이지로만 남지 않고 서로의 인생에
큰 힘이 되는 사이로 길이 남게 되리라는 생각을 하니
왠지 마음이 놓인다.

우리 교실에서 자주 쓰이지 않았던 우정이라는 단어는
오늘부터 이렇게 중요하고 멋지고 사랑스러운 말이 되었다.

언제나 따뜻한

진실된 우정이란
느리게 자라는 나무와 같다.

_조지 워싱턴

61

경청

⊕ 경청의 절친들 : 소통, 존중

경청, 상대방의 말을 들을 때 딴짓을 하지 않고 집중하는 것.
상대방의 표정을 읽으며 마음으로 공감하며 듣는 것.

아이들 마음속 보석

- ◆ 고개를 끄덕거리면서 듣기
- ◆ 표정으로 공감하며 이야기를 들어 주는 것
- ◆ 상대방의 눈을 바라보고 들어 주는 것
- ◆ "아 진짜?", "헐~~"처럼 맞장구치는 말을 하면서 듣는 것
- ◆ 힘들었다는 친구의 이야기를 들을 때 "슬펐겠다,
  속상했겠다" 말해 주는 것
- ◆ 일단 끝까지 들어 주는 것
- ◆ 소통을 하려면 꼭 필요한 것
- ◆ 친구가 말할 때 하품을 하지 않는 것

열심히 말하고 있는데 상대방이 자꾸 휴대폰을 쳐다봐서
당황스러웠던 경험, 내 말을 끝까지 들어 보지도 않고
다그치는 사람 때문에 억울했던 경험, 나랑 이야기는 하고 있지만
아무 반응이 없어서 상대방이 건성으로 듣고 있다고 느껴질 때.
우리 모두 한 번쯤은 느껴봤던 이런 경험들을 서로 나누어 보고,
내가 누군가와 이야기를 할 때 경청하는 자세가
부족하지 않았는지 되돌아 봤다.

"경청은 교실에서 우리가 서로 공감하고 소통하고
이해하기 위한 첫 단계라고 생각해. 아주 중요한 일이지!
애들아, 오늘부터 상대방이 나에게 이야기를 할 때는
그냥 듣는 것이 아니라, 초롱초롱한 눈빛으로
상대방을 쳐다보면서 집중해서 들어 보자!
집중해서 들으면 상대방의 마음을
좀 더 이해할 수 있어서 대화가 잘 되겠지?
선생님의 이야기도 경청해 줄 거지?
선생님도 너희의 이야기를 들을 때는
언제나 따뜻한 눈빛, 진심, 그리고 맞장구를 준비할게!"

언제나 따뜻한

62

믿음

⊕ 믿음의 절친들 : 진심, 신뢰

믿음, 오늘 우리가 한 잘못 때문에 선생님께서 우리를 꾸중하신 것이
우리를 사랑하기 때문에 그런 것이라고 생각하는 마음.
친구 사이에 꼭 필요한 마음.

아이들 마음속 보석

- ♦ 선생님이 내 잘못에 대해 일부러 그랬다고 생각하지 않고
  일단 차근차근 들어 주실 때 생기는 마음
- ♦ 내가 직접 보거나 들은 것이 아니라면 누구에 대한 나쁜
  이야기를 들어도 무시하는 것
- ♦ 친구와 약속을 할 때 서로 느끼는 마음
- ♦ 어떤 상황에서도 그 사람의 말을 먼저 들어 주는 것
- ♦ 누군가를 함부로 의심하지 않는 것
- ♦ 친구를 이해하고 지켜 주는 것
- ♦ 매일 행복할 일은 반드시 있다고 생각하는 것

간혹 아이들을 야단쳐야 하는 상황이 있다.
혼내는 나도 마음이 좋지 않고, 꾸중을 듣는 아이들도
기분이 좋지 않을 것이다. 하지만 아이들이 잘못한 점을
깨닫게 해 주고 서로 이야기를 나누다 보면 아이들은
'선생님이 다 우리 잘되라고 그러시는 거구나.' 생각하게 되고,
나는 '아이들을 더 이해해 줘야겠다. 앞으로는
잘할 거야'라고 생각한다.
서로 이런 생각을 할 수 있는 건 우리 사이에
단단한 믿음이 있기 때문이겠지!
꾸중으로 서로 마음이 불편했던 시간도 금세 우리 사이를
돈독하게 해 주는 시간이 된 것 같다.

"선생님은 언제나 너희를 믿어!"

언제나 따뜻한

63

솔선

⊕ 솔선의 절친들 : 배려, 도움

솔선, 빈 교실에 전등이나 선풍기가 켜져 있으면 내가 끄는 것.
누군가 하면 좋을 일을 내가 먼저 하는 마음.

아이들 마음속 보석

- ♦ 교실이나 복도에 떨어진 쓰레기를 줍는 것
- ♦ 아침에 일찍 오면 교실 창문을 열고 환기시키는 것
- ♦ 열려 있는 교실 문을 닫아 주는 것
- ♦ 바닥에 주인을 잃은 연필이 있으면 적힌 이름을 보고 친구에게 갖다 주는 것
- ♦ 친구 실내화가 신발장에서 떨어져 있으면 친구 자리에 다시 넣어 주는 것
- ♦ 누가 시켜서 하는 것이 아니라 내가 먼저 하는 것
- ♦ 다른 사람들에게 좋은 영향력을 주는 것
- ♦ 수업 시간이 갑자기 소란스러워지면 먼저 '쉿!'이라고 외치는 것

'누가 끄겠지 뭐'라고 생각하지 않고,
빈 교실에 전등이 켜져 있으면 꺼 주는 우리 반 아이들.
바닥에 떨어진 물건은 그냥 지나치지 않고
이름을 확인해서 주인을 찾아 주는 우리 반 아이들!
함께 찾아 본 교실 속 우리의 솔선은 참 착하고 고마운 모습들이다.

한 명이 솔선해서 어떤 행동을 하면 정말 신기한 일이 벌어진다.
그 한 명의 선한 영향력이 아주 빠르게 퍼져서
다른 아이들도 하나둘 따라하게 되고,
며칠 만에 교실의 분위기가 많이 바뀌는 걸 자주 경험한다.
이렇게 교실에서 선한 영향력이 아주 큰 변화를 만드는 것을
알기 때문에, 아이들의 작은 솔선도 재빠르게 눈치 채서 칭찬해 준다.
또 누구보다 나부터 솔선해서 무언가를 하게 된다.
열 마디 잔소리보다 솔선하는 모습 하나가 아이들에게
더 큰 영향을 주니까!

앞으로 '누군가 하겠지!'라고 생각하지 않고 '내가 하면 되지!'라고
생각해 보기로 한 오늘, 우리 반에는 다양한 솔선이 등장했다.

언제나 따뜻한

64

예의

⊕ 예의의 절친들 : 존중, 매너

예의, 서로의 마음을 존중하는 것.
선생님이 우리의 의견을 무시하지 않고 우리도 선생님의 입장을
생각하는 것.
오래된 사이일수록 잊으면 안 되는 것.

아이들 마음속 보석

♦ 모두 함께 사용하는 공간에서는 뒷정리를 잘하는 것
♦ 누군가 나에게 도움을 줄 때 고맙다고 말하는 것
♦ 친구가 나에게 해 주길 바라는 태도로 친구를 대하는 것
♦ 급식 줄을 설 때 새치기하지 않는 것
♦ 나랑 다르다고 이상하다고 말하지 않는 것
♦ 먼저 웃으면서 인사하는 것
♦ 상대방을 첫인상으로 판단해 버리지 않는 것
♦ 차 안에서는 조용히 통화하고 떠들지 않는 것

예의는 존중하는 마음을 담는 거니까,
상대방에게만 지켜야 하는 게 아니라 스스로에게도
지켜야 하는 거다. 나를 존중하는 마음이 상대방도
존중할 수 있게 해 주니까.
그리고 예의는 상대방의 나이에 상관 없이 지녀야 하는
태도이며 특히 가까운 사이일수록, 익숙한 사이일수록
더 잘 지키려고 노력해야 하는 것이다. 친해졌다고 생각하는
동시에 상대를 편안하게 생각하고 자칫 예의를 갖추지 않게
되는 순간이 온다. 그러다 보면 상대방에게 상처를 주기
쉬워지기 때문에 다시 친해지기가 어렵다. 친하고 소중한
관계를 그렇게 잃는 것보다 어리석은 일이 또 있을까?

"우리 반은 서로 친해졌다고 막 대하지 않고, 상대를 더 귀하고
소중하게 대할 줄 아는 예의 바른 아이들이 모여 있어.
선생님도 늘 너희에게 예의를 지키고 너희의 마음을
존중하려고 노력할게!"

언제나 따뜻한

65

절제

⊕ 절제의 절친들 : 인내, 참을성

절제, 건강하게 쑥쑥 잘 자라기 위해서 스스로와 약속한 시간
이후로는 밤에 스마트 폰을 보지 않는 것.
어두워질 때까지 밖에서 놀지 않는 것.
그만 해야 할 때 멈출 수 있는 멋진 마음.

아이들 마음속 보석

♦ 몸에 안 좋은 불량 식품은 먹고 싶어도 좀 참아 보는 것

♦ 밥을 먹을 때 너무 많이 먹으면 체하니까 적당히 먹는 것

♦ 숙제 미루기, 컴퓨터 게임 하루종일 하기 등
  마음 내키는 대로 하지 않는 것

♦ 필요 없는 물건을 괜히 사지 않는 것

♦ 수업 시간에 친구와 장난을 치고 싶어도 쉬는 시간까지
  참는 것

♦ 점심 시간에 일단 내 식판에 있는 것 다 먹고 더 받는 것

스마트 폰을 너무 오래 하는 것이 고민이라는 아이들이
제법 많이 생겼다.
스마트 폰이 주는 유익이 많기는 하지만, 한번 빠지면
시간이 훌쩍 가 버리니 다들 걱정이 되나 보다. 그래서 아이들이
스스로 스마트 폰 사용 시간을 정하는 시간을 가졌다.

아이들에게 절제는 큰 용기가 필요한 일이다. 절제한 만큼
즉각적인 보상을 해 주면 성취감을 느껴 습관으로 이어질
수 있다. 절제하는 습관을 심어 주는 것은 앞으로 아이들이
살아가는 데 적잖은 영향을 미칠 거라 확신한다.

"용기 있는 오늘의 절제는 몸도 마음도 건강한 우리를
만들어 줄 거야! 아자! 선생님이 응원할게."

66

화해

⊕ 화해의 절친들 : 진심, 사과

화해, 서로 서운했던 마음에 공감하는 것.
내가 잘못한 것은 용기 있게 인정하고 진심으로 사과하는 것.
앞으로 서로를 위해 노력할 점을 함께 생각하는 시간, 서로에 대해 더
깊게 알게 되는 감사한 시간.

아이들 마음속 보석

- ♦ 핑계를 대고 싶은 유혹을 참고 잘못한 걸 인정하는 것
- ♦ 미루면 미룰수록 관계가 어색해진다.
- ♦ 화해하고 나서 똑같은 행동을 하지 않는다.
- ♦ 공감하지 않으면 화해할 수 없다.
- ♦ 사과를 했어도 상대방의 반응을 기다릴 수 있어야 한다.
- ♦ 먼저 사과하는 건 용감하고 멋진 일.
- ♦ 화해는 성의 없이 하면 안 돼.

아이들이 서로 친해진 교실에서는 시끌시끌한 다툼이
종종 생긴다. 그러면 서로 말싸움이 오가다가 나에게 와서
앞다퉈 싸운 이유를 설명하곤 한다. 그럴 때 나의 역할은
누가 더 잘못했는지 알아보고 한쪽에게 먼저 사과하라고
중재하는 것이 아니다. 서로 대화할 수 있는 시간을
마련해 주는 것이 더 중요하다.
언제나 이런 방식으로 서로 화해할 수 있도록 했다.

진정한 화해를 위해서는 우선 아이들이 서로의 기분과 감정을
공유해야 한다. "너 때문에…"가 아니라 "나는 네가 …해서 …한
기분을 느꼈어"라고 표현하도록 한다. 이렇게 먼저
서로의 감정을 나누면 자연스럽게 상대방의 기분을 이해하고
공감할 수 있다. 그러고 난 후 친구에게 잘못한 점을 먼저
인정하고 사과할 수 있도록 한다.

갈등은 사람이 모인 곳에서 일어나는 자연스러운 일이고,
갈등을 풀어가는 과정을 겪으면서 사람은 성장하는 것 같다.
앞으로 다양한 사람들과 만나 갈등을 겪게 될 아이들이
지금부터 자신의 감정을 정확히 표현하고 상대방의 감정에
공감할 수 있는 힘을 길러 진정한 화해를 이끌어낼 줄 아는
어른이 되었으면 좋겠다.

언제나 따뜻한

67

추억

⊕ 추억의 절친들 : 낭만, 기억

추억, 오늘 함께 만든 낙엽 책갈피를 보며 우리 반을 떠올리는 것.
시간이 지나면서 낡거나 사라지는 것이 아니라 더 깊어지는 것.
나중에 어른이 되면 그리워질, 빛나는 우리의 지금 이 시절.

아이들 마음속 보석 : 나중에 기억 날 우리 반 추억

- ♦ 함께 도미노를 완성한 날(계속 무너지고 실패하는 과정이
  힘들기도 했지만 함께 끝까지 해내서 뿌듯했다.)
- ♦ 장기자랑 시간과 보이는 라디오 시간(친구들의 사연도
  듣고, 노래도 부르고, 춤도 췄던 시간)
- ♦ 점심 시간에 다 같이 모여서 밥 먹고 이야기하던 순간
- ♦ 새 학기 첫날 우리의 어색한 만남
- ♦ 친구들이랑 다퉜다가 사과하고 더 친해진 것
- ♦ 수학여행 가서 여학생들끼리 똑같은 머리 스타일을
  하고 사진 찍은 것

어릴 때 사귄 친구들을 만나면 늘 하는 말이 있다.
"그때 진짜 재밌었는데!","그때 그랬던 거 기억나?"
돌아갈 수는 없지만 돌이켜 볼 추억이 있어 참 따뜻하고,
나도 기억이 가물가물한 나의 어린 시절을 기억해 주는
친구들이 있어 얼마나 다행인지….
오늘 주운 낙엽들로 책갈피를 만들면서 이야기를 나눈 시간도
예쁜 추억으로 남겠지?

"웃음소리 많이 들리던 우리 교실,
너희의 사랑스럽고 순수한 모습들은
선생님에게도 가슴 찡한 추억이 될 거야."

68

이별

⊕ 이별의 절친 : 새로운 만남

이별, 돌고 돌아 결국은 우리가 다시 만나게 되는 것.
추억이 아닌 진행형!

아이들 마음속 보석

♦ 추억을 쌓고 의미 있게 헤어지는 것

♦ 새로운 만남을 준비하는 마침표

♦ 소중한 사람들과 만든 추억을 잊지 않기로 하고
  헤어지는 것

♦ 다시 만남을 기약하는 것과 동시에 또 다른 새로운
  만남을 준비하는 것

일 년 동안 동고동락하며 잊지 못할 추억을 함께 만들었던
우리 반이 이별을 대하는 자세!
아이들이 적은 말들을 보면서 코끝이 찡해졌다.
한동안은 서운하고 마음이 텅 빈 것 같겠지만
또 우리에게 즐거움을 안겨 줄 새로운 만남이 있겠지?

아이들과 헤어지는 동시에 새롭게 만날 아이들을
맞이할 준비를 하는 게 늘 어렵다.

"우리가 함께했던 이 시간은 어디 안 가고,
너희 맘속에 생생하게 남아 있을 거야.
돌고 돌아 꼭 다시 만나자!"

언제나 따뜻한

교실 속 작은 코너
보이는 라디오

과학 숙제를 하면서 달을 관찰하는데 도시의 하늘에서는
별이 잘 보이지 않아서 아쉬운 생각이 들어요.
요즘 저는 블랙홀에 대한 이야기를 듣고 나서
우주에 엄청 관심이 생겼어요. 그래서 신청합니다!

신청곡 : 옥탑방(엔플라잉)
보내는 이 : 별

오늘 시험 망쳤어요! 선생님께 위로받고 싶어요.
노래로 위로해 주세요.
이 노래를 들으면 마음이 좀 편안해져요.

신청곡 : Stand By Your Man(Carla Bruni)
보내는 이 : 쏭

이네의 교실

지금은 너무너무 행복한데, 나도 사춘기가 되면
정말 이런 기분이 들까? 하는 마음에 신청합니다. 같이 들어요!

신청곡 : 나의 사춘기에게(볼빨간 사춘기)
보내는 이 : 귀염둥이

요즘은 겉모습만 보고 판단하는 사람들이 많아진 것 같아요.
그럴 때마다 겉모습이나 그 사람의 단면만 보지 말고 그 사람을
자세히 확대해서 들여다보라고 얘기해 주고 싶어서 이 노래를
신청합니다.

신청곡 : zoom(염따)
보내는 이 : 후니

언제나 따뜻한

거울이의 말

12월

일 년 동안 가끔 힘들 때도 있었지?
올해도 정말 수고했어.
누구보다 너희가 열심히 했다는 걸
잘 알아. 너희가 자랑스러워.

– 우리 반 거울이가

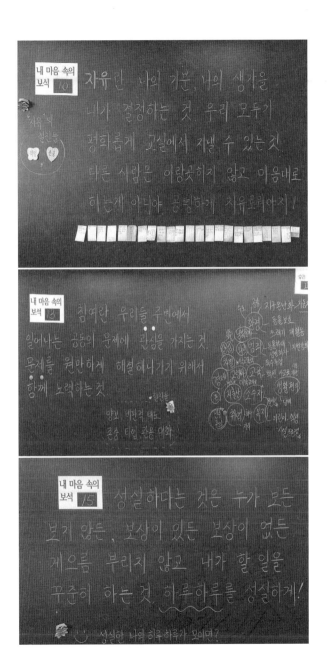

내 마음 속의 보석 10

자유란 나의 기분, 나의 생각을 내가 결정하는 것 우리 모두가 평화롭게 교실에서 지낼 수 있는 것. 다른 사람은 아랑곳하지 않고 마음대로 하는게 아니야 공평하게 자유로워야지!

내 마음 속의 보석 13

참여란 우리들 주변에서 일어나는 공동의 문제에 관심을 가지는 것. 문제를 원만하게 해결해나가기 위해서 함께 노력하는 것

양보, 비판적 태도 존중, 타협, 관용, 대화

내 마음 속의 보석 15

성실하다는 것은 누가 모든 보지 않든, 보상이 있든 보상이 없든 게으름 부리지 않고 내가 할 일을 꾸준이 하는 것. 하루하루를 성실하게!

성실한 나의 하루하루가 모이면?

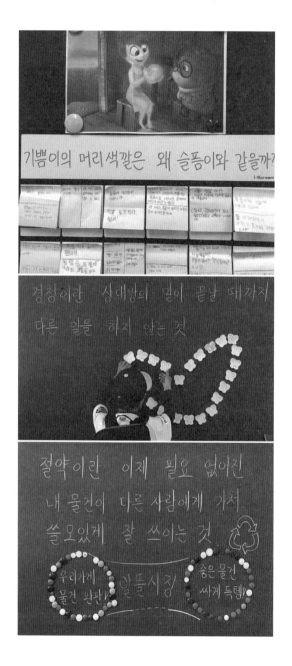

이네의교실

반짝이는 우리반 방학숙제 📖✏️

☑ 날마다 새로운 단어 1개씩 사용하기
☑ 날씨가 좋은 날 석양 보러가기
☑ 매일 나만을 위한 시간 꼭 내기 (취미)
☑ 음악을 자주 듣고 내맘대로 춤추기
☑ 책, 신문, 뉴스는 매일 꼭 보기
☑ 매일 거울보고 사진찍는 것처럼 환하게 웃기
☑ 남과 비교하지 않고 긍정적으로 생각하기 ♡

내 마음 속의
보석

사랑이란 맛있는 음식을 먹을 때,
아름다운 풍경을 보고 있을 때.
그 사람이 생각나는 것.

🤍🤍🤍🤍🤍🤍🤍🤍🤍🤍🤍
🤍🤍🤍🤍🤍🤍🤍🤍🤍🤍

이네의 교실

이네의 교실

epilogue

아이들에게 쓰는 마지막 편지

선생님이 아끼는 귀한 우리 반 친구들에게.
우리 만난 지 355일째 되는 오늘은
너희가 졸업하는 날이야.
아쉬움을 남긴 채 헤어지지만,
함께한 1년은 오래오래 마음속에 남을 거야.

자기만의 색깔로 참 예쁘게 반짝이던
너희의 열세 살 지금의 모습을 선생님이 오래 기억할게.
그러니까 너희는 지금처럼 스스로를 사랑하고
상대방을 존중할 수 있는 근사한 사람으로 살아가면서
가끔 우리 반과 선생님을 추억해 줄래?

애들아, 선생님은 너희가 어디에서 무엇을 하든 너희 편이야.
언제나 너희를 믿는다! 나중에 꼭 동창회 하는 거다.

사랑해 우리 반 많이많이!